GAZELLE & GIALU

NEVER NOT CHANGING

25 ERSTE MALE

ILLUSTRIERT VON PATU

leykam:

INHALT

INTRO

Wann hast du eigentlich zuletzt etwas zum ersten Mal gemacht? Wann bist du mal so richtig ins kalte Wasser gesprungen? Na, erinnerst du dich? In den vergangenen Jahren haben wir – Gazelle (sie/ihr) und Gialu (dey/er) – ganz schön oft etwas zum ersten Mal gemacht. In diesem Buch wollen wir Momente aus unserem Leben mit euch teilen, in denen wir eine ganze Menge Emotionen durchlebt haben, mutig waren, uns verletzlich gezeigt haben und zu uns selbst gestanden sind. Das war manchmal einfacher, manchmal schwieriger. Das waren krasse Momente, mal euphorisch und wunderschön, mal echt herausfordernd und verletzend, und manchmal war es nur ein für uns unauffälliger Tag, der erst im Nachhinein an Bedeutung gewonnen hat. Diese Erfahrungen haben wir allein oder gemeinsam mit Freund*innen und Familie gemacht. Wir beide sind zudem in einer romantischen Beziehung, die sich für uns schön, richtig und gesund anfühlt, mit allen Facetten. Denn auch Selbstzweifel, Ängste, gelegentlicher Neid und der innere Druck, uns ständig anpassen oder verbessern zu müssen – was auch immer das heißen soll – gehören dazu. Darum geht es auch.

Never not changing ist aber kein Ratgeber. Wir erzählen einfach von unseren persönlichen Momenten, und wenn du daraus etwas für dich mitnehmen kannst, dann freuen wir uns! Falls nicht, ist das auch okay. Unsere Geschichte ist nicht deine, nicht die von Freund*innen und auch nicht die anderer trans* Personen. Unsere Geschichte ist einzigartig, so wie unser aller Geschichten einzigartig sind. *Never not changing* ist auch keine Biografie. Wir erklären hier auch nicht ausführlich, wie wir herausgefunden haben, dass wir queer oder trans* sind. Die Momente, von denen wir erzählen, sind frei gewählt, folgen einer gewissen Chronologie, doch sind weder nach Wichtigkeit geordnet noch vollständig. Es spielt sicherlich auch eine Rolle, dass Gialu in einem christlich-religiösen Dorf in Bayern und Gazelle in einer kleinen Zechenstadt im Ruhrgebiet aufgewachsen ist. Wir bringen unsere individuellen Lebensrealitäten und Perspektiven ein.

Und apropos changing: Wir sind beide trans*, deswegen geht es in diesem Buch auch um wichtige Momente unserer Transition. *Never not changing* bedeutet für uns auch, uns immer in Transition zu befinden, uns immer wieder neu zu entdecken oder weiterzuentwickeln. »Du hast dich so sehr verändert« ist wohl ein Satz, den viele von uns schon mal gehört haben. Egal ob trans* oder nicht trans*. Der Philosoph Heraklit sagte schon vor mehr als zweitausend Jahren, dass Veränderung die einzige Konstante im Universum darstellt. Veränderung wird uns höchstwahrscheinlich unser ganzes Leben lang begleiten. Sie kann schön, langsam, schnell, schmerzhaft, anstrengend, befreiend und so vieles mehr sein. Sie hat uns geholfen, mehr wir selbst zu sein, glücklicher mit uns und unserem Umfeld zu sein. Dabei folgt sie nicht immer einer geraden Linie, sondern ist manchmal ein großes Durcheinander für uns. Und manche Dinge, würden wir sagen, bleiben im Kern gleich. So liebt Gialu Tiere seit seiner Kindheit bis zum heutigen Tag, und Gazelle war schon als junges Mädchen ziemlich witzig.

Egal, wie gut wir eine Person kennen, wir können nie alles über sie wissen. Und wir sollten vorsichtig sein, welche Annahmen wir basierend auf dem Wissen treffen, das wir haben.

Wir haben versucht darauf zu achten, unser Buch so (trans*-) inklusiv wie möglich zu schreiben. Wir nennen die Pronomen der Menschen, die wir vorstellen (sofern bekannt), und wir schreiben gender-inklusiv mit dem sogenannten Gendersternchen. Genderinklusive Sprache ist nichts Neues, aber falls du das nicht kennst: Das kann sich erstmal ungewohnt anfühlen. Manchmal braucht es auch etwas Mühe, doch sie ist wichtig, damit sich Menschen mitgedacht und gesehen fühlen. Um dich zu unterstützen, gibt es hinten im Buch ein Glossar mit einigen Begriffserklärungen. Wir hoffen, das hilft! Natürlich stellen wir keinen Anspruch auf Vollständigkeit. Sowieso wollen wir gar nicht so viel erklären, sondern zeigen, wie wir uns getraut haben, etwas zum ersten Mal zu tun. Und vielleicht traust du dich, während du unser Buch liest, auch ein Stück mehr, dich selbst besser kennenzulernen. Vielleicht hast du auch schon ähnliche Momente erlebt. Was waren deine ersten Male im Leben? Allein dieser Gedanke ist unglaublich spannend, finden wir. Vielleicht entdeckst du Gemeinsamkeiten – egal ob du cis oder trans*, queer oder hetero bist. *Never not changing* ist für alle, die sich darauf einlassen möchten.

Wir schätzen sehr, dass du da bist, und danke, dass du unsere Geschichten liest. Wir wünschen dir viel Spaß!

Gialu und Gazelle

GAZELLE

COMING-OUT, CLOSING THE DOOR BEHIND YOU

CN: Homofeindliche und transfeindliche Aussagen

Eines lauen Sommerabends sitze ich allein auf dem Balkon und mir laufen die Tränen über die Wangen. Ich habe die Knie zu mir gezogen, das Kinn auf sie gestützt und wippe auf und ab. »Ja, da kann man wohl nichts machen«, denke ich. »Ich bin wohl eine trans Frau«, und weine noch mehr.

Ich habe das Gefühl, die meisten Leute erwarten, dass queere Menschen »rauskommen«, ihr »Coming-out« haben müssen. Das finde ich anstrengend und nervig. Wir sind die, die oftmals als »anders« gelten, die Konfrontationen aushalten und Respekt und Akzeptanz aktiv einfordern müssen. Diese Coming-outs können sehr unterschiedlich sein, aber ihr kennt vielleicht den »Klassiker«: »Hört mal zu, ich muss euch was sagen. Ich bin –«, und dann bitte das passende Label einfügen.

Aber wusstet ihr eigentlich, dass davor meist noch was ganz anderes kommt? Bevor ich zum Beispiel das Coming-out vor meiner Familie und Freund*innen hatte, bin ich nämlich vor einer ganz anderen Person rausgekommen: vor mir selbst.

Ich hatte meinen ersten Kontakt mit trans* Personen im Film *Transamerica* mit Felicity Huffman. Die Hauptfigur Bree ist trans, und bevor sie ihre geschlechtsangleichende OP durchführen lassen kann, soll sie auf Anraten ihres Therapeuten den Kontakt zu ihrem Sohn suchen. Ich habe den Film damals geliebt, auch wenn eine cis Frau eine trans Frau spielt – etwas, das ich mir heute auf jeden Fall anders wünschen würde. Trotzdem war ich fasziniert. Für mich war die Geschichte spannend und filmisch gut umgesetzt. Die Zuschauer*innen erleben, wie Bree ihre Stimme trainiert und sich in weiblich gelesener Gestik und Mimik übt. Vor allem ist zu sehen, wie sie, bevor sie in ihrer körperlichen Transition zu sich selbst finden kann, mit ihrer Vergangenheit abschließen muss. Diese Darstellung von Trans*ness war 2005 – also vor 20 Jahren – für mich liebevoll, herausragend und inspirierend. Davor kannte ich Filme wie *Die Nackte Kanone* mit Leslie Nielsen und Jim Carrey in *Ace Ventura* – beide Filmen enthalten transfeindliche Szenen, in denen Frauen, die »früher mal ein Mann waren«, zum Ziel von Spott und Ekel werden. Ich erinnere mich genau an die furchtbaren Szenen, die mich erschütterten. Sie machten klar: Trans* zu sein war seltsam. Trans Frauen wurden dort als Männer in Perücke und Kleid dargestellt, und es war allgemein bekannt, dass verkleidete Männer nur zum Karneval gehören.

In mir tobte ein schmerzlicher Kampf.

Schon immer waren Frauen im Pop meine Vorbilder gewesen, allen voran die Spice Girls. Ich liebte diese mutigen, lauten, selbstbewussten Frauen und tanzte ihre Konzerte auf zusammengeschobenen Tischen nach, jeden Tag identifizierte ich mich mit einem anderen Spice Girl. Heute habe ich noch mehr Respekt vor den Spice Girls, da ich besser verstehe, wie sie sich in einer männerdominierten, frauenfeindlichen Gesellschaft mit einem Leben im Rampenlicht durchgesetzt haben. In meiner Familie waren es meine Mama und meine Tanten, die mir große Vorbilder waren. In einer Zeit, in der die Scheidungsrate stieg und viele Frauen selbstbestimmter lebten, waren sie für mich die Chefinnen: Sie regelten die Familienangelegenheiten, schmissen den Haushalt, gingen aber auch ihren Hobbys nach und verwirklichten ihre beruflichen Träume durch Umschulungen oder ein spätes Studium. Ich war von allem, was diese Frauen taten, inspiriert – und wollte immer auch so sein wie sie. Heute sehe

> ***»Schon immer waren Frauen im Pop meine Vorbilder gewesen, allen voran die Spice Girls. Ich liebte diese mutigen, lauten, selbstbewussten Frauen.«***

ich, dass sie zumeist gar nicht die Möglichkeiten hatten, sich so zu verwirklichen, wie sie es sich gewünscht hätten. Meine Familie mütterlicherseits kam aus Polen. Es gab für sie verschiedenste Hürden, unter anderem wenige Bildungschancen, noch weniger Karrierechancen, besonders im jungen Alter. Meine Mutter und ihre Schwestern waren diejenigen, die sich um uns Kinder kümmerten und zu Hause blieben, anstatt einer beruflichen Karriere oder weiterbildenden Hobbys nachzugehen. Care- und Hausarbeit – all das wurde und wird in patriarchalen Strukturen viel zu wenig wertgeschätzt, finanziell vergütet oder überhaupt gesehen.

Dass ich vor allem zu Frauen aufsah und meine Idole in ihnen fand, ignorierte ich aber, denn ich war ja ein Junge, ein Mann. Daran war nichts zu machen. Und trans*, das war ich doch sicher nicht – und wollte es auch gar nicht sein. Als sich Sam Smith (they/them) 2019 öffentlich als trans nichtbinär outete, sagte eine Arbeitskollegin: »Das macht *der* doch nur für die Aufmerksamkeit.« Als ich ihr erzählte, dass ich mir einen Ohrring stechen lassen wollte, sagte sie: »Dann siehst du ja noch schwuler aus.« Ich war verletzt. Erstens: Wieso sollte das etwas sein, das ich nicht will? Und was sollte es überhaupt bedeuten, »schwul auszusehen«? Trans* Personen des öffentlichen Lebens wurden als aufmerksamkeitsheischend abgetan. Als ich ein paar Kolleg*innen mal auf queerfeindliche Aussagen hinwies, hörte ich nur: »Das werde ich ja wohl noch sagen dürfen. Ist ja nur meine Meinung.«

Meine Freund*innen begannen zu dieser Zeit, Kinder zu kriegen und zu heiraten, nach dem klassischen heteronormativen Muster: Vater, Mutter, Kind. Sie bauten Häuser oder bezogen größere Wohnungen. Eine Zeit lang gab es jeden Sommer ein bis zwei Hochzeiten, oft katholisch-christlich, und mit der Kirche hatte ich aufgrund meiner Identität schlechte Erfahrungen gemacht. So, wie ich war und lebte, fühlte ich mich zunehmend anders als alle anderen. Also noch »anderser« als ohnehin schon.

DAS TAT WEH, UND ICH FÜHLTE MICH ALLEIN.

Zunächst versuchte ich mich anzupassen und gab mich besonders maskulin, um mein inneres Gefühl von Femininität zu verstecken – so, wie es die Gesellschaft erwartete. Ich arbeitete im Anzug mit Krawatte, ließ mir einen Buzz Cut schneiden und Bart und Brusthaare wachsen. Ich machte viel Sport, trug schwarze T-Shirts, lange Jeans und weiße Sneaker – möglichst männlich, möglichst unauffällig. Ich versuchte, meiner Männlichkeit gerecht zu werden: harte Posen, tiefe Stimme, starker Händedruck. Hände nicht abknicken, Beine nicht übereinanderschlagen, sondern breit stehen. Ich spielte die Rolle meines Lebens – die Rolle eines Mannes – und ich spielte sie so, wie ich sie in Filmen, Fernsehen, Werbung, aber auch in der Schule und im persönlichen Umfeld erlebt hatte. Doch ich wurde zunehmend frustrierter.

Ich fragte mich, warum ich nicht dieses »normale« Leben führen konnte, mit Kindern, Hochzeit und Hausbau? Und warum konnte ich nicht so feminin sein, wie ich es mir wünschte? Ich fand das alles einfach ungerecht. Ich beschloss, einen Cut zu machen und mich von Menschen zu distanzieren. Meine Freund*innen hatten mir nichts angetan, aber sie hatten auch nichts *für* mich getan. Meine Arbeitskolleg*innen hatten mich enttäuscht und verletzt, auch wenn ich sie nie direkt mit meiner Identität konfrontiert hatte. Ich hatte keine Kraft mehr. Es kostete zu viel Energie, mich in cis-hetero-normativen Kontexten zu bewegen. Also distanzierte ich mich von allen. Es fühlte sich dumpf und komisch an. Mein Verhalten fühlte sich unfair an, war aber eine Reaktion auf das, was ich in meinem Umfeld erlebte. Und wenn ich ehrlich bin, stand ein Gefühl für mich im Vordergrund: Ich fühlte mich endlich frei.

Ich wollte mehr von dieser Freiheit: Make-up ausprobieren zum Beispiel, Lippenstift und Lidschatten tragen. In Kleidern und Overknees durch die Stadt laufen, mit langen Haaren, die im Wind wehen. Ich wollte mich nicht mehr hart geben, ich wollte all meine Softness zulassen, zart sein –

so, wie ich war. Ich wollte mit Mädels abhängen, die Beine übereinanderschlagen, mir selbst gerecht werden und ich selbst sein, endlich.

An jenem lauen Sommerabend sitze ich dann auf dem Balkon. Ich sehe in die Ferne und spreche in Gedanken zu mir selbst: »Gazelle, ich weiß, das ist keine Nachricht, die du unbedingt hören willst. Es wird erstmal alles noch anstrengender und schwieriger machen. Aber nach so vielen Monaten der Selbstreflexion, nach allem, was du seit Jahren in dir spürst, muss ich dir heute etwas sagen: Du bist trans.« Ich weine. Was für eine Erkenntnis. »Das wird ein harter Weg«, spreche ich mir weiter zu, »aber du schaffst das. Nimm dir alle Zeit, die du brauchst. Alles wird gut werden, jetzt, da du weißt, wer du bist.«

Meine cis-hetero Freunde und Freundinnen und meine Arbeitskolleg*innen haben all das nicht gewusst. Ich hatte mich ihnen gegenüber nie geöffnet, sondern mich zurückgezogen und distanziert – aus Erschöpfung, aber auch aus Angst, abgewiesen oder missverstanden zu werden. Manchmal frage ich mich, was gewesen wäre, wenn mein Umfeld proaktiv, offener über all diese Themen gesprochen hätte. Hätte ich mich sicherer fühlen können und mich anderen Menschen anvertraut, wenn es einfach mehr thematisiert worden wäre? Fakt ist: Es war kein Thema, ich wurde verletzt. Wie Bree in *Transamerica* musste ich mit meiner Vergangenheit abschließen, um meine Transition beginnen zu können.

Am Ende des Tages war ich bei diesem wichtigsten und größten Coming-out, dem vor mir selbst, allein.

Nach der Distanz kam die Nähe. Nähe zu neuen Menschen, Nähe zu alten Freund*innen, die wiederentdeckt wird, und die Nähe zu mir selbst. Heute gehe ich mit einem neuen Selbstbewusstsein und Selbstverständnis durch die Straßen und treffe Entscheidungen, die mir guttun. Heute bin ich so sehr ich selbst wie nie zuvor. Mit tollen Freund*innen und einer Community, die mich versteht und mich so nimmt, wie ich bin. – Alles richtig gemacht.

TAKE YOUR TIME

GIALU

LOVE YOURSELF, BRO

»Weißt du noch, wann du zum ersten Mal an dem Punkt warst, dich so zu lieben, wie du bist?«, fragt Gazelle. »Puh, lass mich mal überlegen«, sage ich.

Wir sind im Zug auf dem Weg nach Hamburg, und Gazelle schläft neben mir ein, während ich den Ausblick auf die grünen Felder genieße. Durch die etwas dreckigen Fensterscheiben fallen Sonnenstrahlen direkt auf mein Gesicht. Die Wärme weckt wohlige Erinnerungen an die Sommer, die ich während meiner Studienzeit in Hamburg vor allem mit »meinen Jungs« verbracht habe.

Im ersten Sommer nach meinem Coming-out als nicht-binär war ich aufgeregt. Endlich würde ich mich trauen, zum Schwimmen statt eines Bikinis meine erste Badehose und einen Sport-BH anzuziehen. In meinen Rucksack packte ich ein altes Handtuch, Snacks, eine Flasche Wasser und die Musikbox, warf mir ein Oversize-Shirt über und setzte die Sonnenbrille auf. Vor dem Spiegel richtete ich nochmal schnell meine kurzen Haare. Einerseits fühlte ich mich so sicher mit meinem Look – einfach cool. Andererseits war ich echt nervös, denn die Jungs kannten mich bisher nur im Bikini, und der Umgang mit meinem Coming-out war für uns alle neu. Das vibrierende Handy riss mich aus den Gedanken, mein Kumpel Volkan (er/ihn) rief an. »Hey Bro, was geht?«, sagte ich. »Alles gut, Bro?«, sagte Volkan. »Wir warten unten auf dich – See wird wild werden!« Im Hintergrund hörte ich die anderen lachen. »Alles klar, ich bin gleich da.« Ich legte auf, atmete einmal tief durch und ging mit Herzklopfen vor die Haustür zu den Jungs. Als sie mich sahen, fingen sie direkt an zu strahlen, und mir fiel ein riesiger Stein vom Herzen. »He Bro, die sehen ja fresh aus!«, sagte Volkan und deutete auf meine neuen Shorts. Er streckte seine Arme weit aus, um mich wie immer zur Begrüßung in den Arm zu nehmen. »Echt so!«, stimmten Hassan (er/ihn), Sami (er/ihn) und Eyyup (er/ihn) fast synchron zu. Wie so oft machten wir uns gegenseitig Komplimente zu unseren Looks und unserem Aussehen, da wir alle mal das Bedürfnis geäußert hatten, mehr davon bekommen zu wollen. Unsere Umarmungen zur Begrüßung fühlten sich genauso schön und herzlich an wie immer.

Bevor ich mein Coming-out hatte, wusste ich nicht, wie meine Familie und meine Freund*innen damit umgehen würden. Ich hatte mir alle möglichen Szenarien ausgemalt, lag nächtelang wach und spielte immer wieder sowohl akzeptierende als auch ablehnende Möglichkeiten durch.

Und irgendwie kam es dann doch ganz anders, als ich gedacht hatte.

Volkan, Hassan, Sami und Eyyup waren von Anfang an und sind bis heute für mich da. Sie sind Teil meiner *chosen family*, auf die ich mich immer verlassen kann. Die Jungs begleiteten mich zu meinen ersten Friseurbesuchen, bei denen ich noch Angst hatte, als Frau »gelesen« zu werden. Manchmal weigerten sich Friseure sogar, mir »Männer-Haarschnitte« anzubieten. Hassan setzte sich beim Friseur neben mich und sagte, er verbringe einfach gerne Zeit mit mir, egal wo. Volkan schenkte mir zwei seiner T-Shirts, die er anscheinend »nicht mehr brauchte« und für die ich sehr dankbar war, denn es dauerte, bis ich die Mittel dazu hatte, meinen Kleiderschrank anzupassen. Als es so weit war, gingen die Jungs mit mir shoppen und berieten mich, damit ich möglichst »cool« aussah – so kam ich zum Beispiel auch zu meiner blauen Second Hand Denim-Jacke, die ich bis heute gerne trage. In diesem Sommer begleiteten sie mich auch auf CSDs und fragten mich nach den Bedeutungen der ganzen Pride-Flaggen. Als wir ein Jahr später wieder beim CSD in Hamburg waren, sagte Sami: »Das da ist doch die Bi-Flagge – und das die Pan-Flagge, oder?« Und er lag absolut richtig. Wir genossen die Sonne und blickten auf das Wasser am Jungfernstieg, während im Hintergrund »Born This Way« von Lady Gaga aus großen Boxen abgespielt wurde. Um uns herum liefen lauter unterschiedliche Menschen die Straße auf und ab. Meinen neuen Namen und die neuen Pronomen benutzten die Jungs schnell selbstverständlich. Hassan fragte mich ein- oder zweimal, wie genau das mit »dey/deren« funktionierte, und eine Woche später fiel mir auf, wie souverän er die Pronomen verwendete. Erfreut und erstaunt sprach ich ihn darauf an. »Ich hab geübt!«, sagte er mit einem Grinsen im Gesicht. Sofort musste auch ich grinsen und nahm ihn in den Arm.

Die Jungs und ich verbrachten so viele tolle Momente zusammen. Wir schauten den Sonnenuntergang am Elbstrand und hörten Musik, wir kochten und aßen gemeinsam, besuchten meine Familie in Bayern, und unzählige Male saßen wir bis zum Sonnenaufgang auf dem Balkon und redeten. Wir redeten über so vieles: unsere Vergangenheit, unsere Familien, unsere Ängste, unsere Träume und darüber, wie wir verletzt worden waren. Manchmal waren unsere Gespräche tief und schmerzhaft, da wir alle es nicht immer leicht hatten, doch meistens alberten wir einfach nur herum und lebten vollkommen im Moment. Eines Abends gingen Hassan und ich spazieren, und er sagte zu mir: »Weißt du, Gialu, ich glaube, hätten wir uns mit 16 getroffen, hätten wir uns wahrscheinlich beide nicht gemocht, wegen unserer Vorurteile.« Ich nickte, und irgendwie machte mich das traurig. Hassan sprach weiter. »Ich bin froh, dass wir uns zum richtigen Zeitpunkt kennengelernt haben und jetzt so viel voneinander lernen konnten und weiter lernen werden. Und dabei ne Menge Spaß haben!« Ich lächelte ihn an. »Ich bin auch echt dankbar dafür, dass ich dich und die Jungs habe.«

Zurück in den ersten Sommer nach meinem Coming-out, zurück zum Badesee: Volkan, Hassan, Sami, Eyyup und ich – wir hatten einfach nur Spaß, den ganzen Nachmittag lang. Wir drehten die Musikbox auf und spielten einen 2000er-Hit nach dem anderen, zwischendurch Deutschrap, wir sprangen ins Wasser, machten Witze und kickten den Fußball hin und her. Sami und Volkan versuchten, mir ein paar Tricks beizubringen. Als ich den Ball zweimal hochhalten konnte, rief Sami: »Geht doch – sehr gut, Bro!« Eyyup legte noch eine Schippe drauf: »Ey, Gialu hält den Ball bald öfter hoch als wir alle zusammen.« Als die Sonne unterging, schimmerte das Licht in Orange, Rot und Rosa auf dem Wasser, und Volkan sagte: »Also, wie wär's, Leute, wir machen uns zu Hause fresh – und dann noch Shisha und Freestyle bei mir?« Wir stimmten zu, packten unsere Sachen und machten uns auf unseren Fahrrädern auf den Weg nach Hause. Ich konnte den ganzen Weg über nicht aufhören zu grinsen. Als hätte ich die Sonne mitgenommen, durchdrang eine wunderbare Wärme meinen Körper. Wow, auf einmal war da so viel Energie in mir. Zu Hause angekommen holte ich die Musikbox aus dem Rucksack, drehte meine Lieblings-Playlist auf volle Lautstärke, tanzte zu »Beggin'« von

Måneskin durch mein Zimmer und sang unter der warmen Dusche mit. Als ich in Jogginghose und Hoodie schlüpfte, wurde mir klar, dass ich endlich die Möglichkeit hatte, mehr von mir selbst zu zeigen und zu leben. Und dass ich Menschen um mich hatte, die mich genau so mochten, wie ich bin. Ich blickte in meinen kleinen Spiegel, lächelte mich selbst an und sagte zum ersten Mal laut: »Ich will leben. Ich will leben. Ich will leben!« Ich wiederholte die Worte immer wieder. Dieses Gefühl war so neu und so wunderschön, dass ich auf einmal Angst bekam, es gleich wieder zu verlieren. Inmitten des Lebensglücks tauchte auf einmal die Angst vor dem Tod auf. Ganz neue Emotionen überwältigten mich. Ich setzte mich aufs Bett und atmete tief durch. Doch von diesem Moment an wusste ich, dass ich dieses Gefühl, diese Liebe für das Leben, für mich selbst und meine Mitmenschen bewahren wollte, so gut ich konnte.

DAS IST DAS GEFÜHL, MIT DEM ICH LEBEN MÖCHTE.

Ich will mir selbst Liebe schenken und mich mit Menschen umgeben, die mich so lieben, wie ich bin – und die ich ebenso lieben kann.

»Liebe Fahrgäste, unser nächster Halt ist Hamburg Hauptbahnhof.« Die Durchsage holt mich zurück in die Gegenwart. Ach, wie schön es wäre, auch dieses Wochenende mit den Jungs zusammen den Sonnenuntergang anzuschauen, einen Tag am Wasser zu verbringen und mit Chips und Softdrinks auf alte Zeiten anzustoßen. Während Gazelle neben mir langsam aufwacht und sich streckt, greife ich zu meinem Handy und schreibe Volkan, Hassan, Eyyup und Sami: *Hey, ich vermiss euch und hab euch echt lieb. Ihr seht außerdem so gut aus. Komme gerade in Hamburg an – hoffe, ich seh euch bald wieder?* Dann lächele ich Gazelle an. »Du, ich denke, mir ist der Moment eingefallen«, sage ich.

AUF MEINER SKALA BIN ICH EINE 10/10

Gazelle und Gialu, wie seid ihr eigentlich so selbstbewusst geworden? Ich bin selbst total unsicher und wäre gerne so selbstbewusst wie ihr. Habt ihr Tipps für mich?

GIALU:

Puh! Selbstbewusst zu werden, ist echt ein langer Weg. Als Kind und jugendliche Person war ich introvertiert, schüchtern und verunsichert. Irgendwann hat mir eine Lehrkraft den Tipp gegeben: Stell dich vor den Spiegel und sag dir drei nette Dinge. Mir fiel am Anfang nichts ein, und dann begann ich mit Sätzen wie »Ich bin ganz okay« und »Ich versuch, mich selbst zu mögen«. Das mache ich jetzt seit zehn Jahren, und mittlerweile bin ich angekommen bei: »Ich bin toll so, wie ich bin« und »Ich bin attraktiv« und »Ich verdiene Liebe von mir selbst und anderen«. Die Idee dahinter? Irgendwann beginnt der Kopf, das zu glauben, was wir ihm sagen. An manchen Tagen fällt es mir leicht und an anderen krieg ich es nicht so gut hin – also lass dir Zeit. Gazelle und ich haben angefangen, gemeinsam den Tag mit solchen Sätzen zu starten. Gazelle, wie hat das mit deinem Selbstbewusstsein eigentlich so angefangen?

GAZELLE:

Mir hat sehr geholfen, zu realisieren, dass es total in Ordnung ist, sich selbst einfach richtig toll zu finden. Mir wurde beigebracht, bescheiden zu sein, bloß nicht anzugeben und mich nicht zu sehr herauszustellen. Aber ich finde, ich kann sagen: Ich bin Hammer und hot! Natürlich heißt das nicht, dass ich auf andere herabblicken oder gar arrogant werden möchte. Eingebildet zu sein und sich selbst toll zu finden, sind zwei verschiedene Dinge. Überhaupt hat das alles wenig mit anderen Menschen zu tun. Wenn ich nämlich auf andere schaue, weiß ich sehr wohl, dass es mit Sicherheit gesellschaftlich gesehen attraktivere, schlauere und erfolgreichere Menschen gibt. Aber um die geht es gerade nicht – sondern um mich. Auf einer Skala von 1 bis 10 bin ich eine 10, weil das die Gazelle-Skala ist. Und wenn ich denke, ich bin eine 10, dann ist das auch so. Auch du bist eine 10! Und du! Und ja, du auch!

GAZELLE

AUSSER DIVERSITÄT HAST DU DOCH NOCH NIE WAS ERREICHT!

Fast zehn Jahre lange habe ich im Personalwesen am Schreibtisch gearbeitet. Das ist echt eine lange Zeit! Ich arbeitete mich zur Teamleitung hoch, wie man so schön sagt (Ironie), und war als Recruiting-Spezialistin in einem Online-Handels-Unternehmen tätig. Das heißt, dass ich Menschen wie Softwareentwickler*innen und andere technische Fachkräfte einstellte. Eine meiner Stärken war mein Gespür für Menschen und ein gewisses Einfühlungsvermögen – in diesem Job ein entscheidender Faktor. Nach vielen Jahren Arbeitserfahrung und Fortbildungen wurde meine Arbeit in der Branche sichtbarer und anerkannt. Ich begann, erfolgreiche, virale Aufklärungsvideos über inklusiveres Recruiting bei LinkedIn zu veröffentlichen. Die Videos zeigten, wie beim Einstellen neuer Mitarbeiter*innen Diskriminierung reduziert werden kann, und die Resonanz war überwältigend.

Eines Tages, als ich ins Büro kam und LinkedIn öffnete, entdeckte ich einen Kommentar zu einem meiner Videos, von Jens Müller* (er/ihn) (frei zitiert):

*»So langsam nervt es. Jahrelang war mir egal, welches Geschlecht meine Kollegen im Büro haben. Aber heute nur noch Diversity hier und Diversity da! Und es gibt nur noch zwei Seiten: Entweder du bist zu bunt oder du bist nicht bunt genug. Außerdem lässt sich bei der Person ›Gazelle Vollhase‹ nicht erkennen, ob es sich nicht vielleicht um eine Parodie handelt – außer Diversität hat diese Person mit Sicherheit noch nie etwas geleistet, da habe ich vor jeder diversen Bauarbeiter*in mehr Respekt.«*

Ich war entsetzt: Mit Klarnamen, Arbeitgeber und Foto präsentierte Jens unter meinem Post seine diskriminierende und ignorante Meinung. Inhaltlich war es unnützer Hate, den ich gerne einfach ignoriert hätte. Doch es traf mich trotzdem. Es war nicht das erste Mal, dass Menschen versuchten, mir aufgrund meiner Queerness Kompetenz abzusprechen.

Ich war in dem Online-Handels-Unternehmen tätig, als ich erkannte, dass ich eine trans Frau bin. Bis dahin hatte ich fast acht Jahre lang wöchentlich neue Leute eingestellt – von Einsteiger*innen in Redaktion und Marketing über Buchhalter*innen bis hin zu Führungspositionen – alles im technologischen Bereich. Ein verantwortungsvoller Job, in dem es um Gehälter und die berufliche Zukunft von Menschen ging. Viele Jahre war ich »der Mann in Anzug und Krawatte«, lernte, wie ich einen festen Händedruck gebe, und senkte meine Stimme, wenn ich mit Großverdiener*innen und Kaufmännischen Leitern (kein Gendern notwendig) sprach.

So wurde ich von ihnen ernst genommen.

Mit meinem Coming-out als trans Frau am Arbeitsplatz begann ich, mein Äußeres zu verändern. Ich übte mich im Schminken und trug nur noch Kleidung aus der »Frauenabteilung«. Mitunter traf man mich mit Bart, Lidschatten und bauchfreiem Top. Bei einem Teamevent fragte mich meine Teamleiterin, warum ich nicht öfter so ins Büro käme. »Ich repräsentiere doch das Unternehmen«, sagte ich. »Ja, eben!«, entgegnete sie. Ich fühlte mich bestärkt, mich auch am Arbeitsplatz so zu zeigen, wie ich mich wohlfühlte.

Zu der Zeit war ich auch als Speakerin auf Events unterwegs. Zwischen Berlin, Zürich und München wurde ich als Expertin geladen, um über inklusiveres Recruiting zu sprechen. Meine Auftritte überraschten viele, die ähnliche Gedanken wie Jens hatten. Nach den Vorträgen kamen oft Menschen auf mich zu und fragten verlegen, aber auch neugierig: »Wie reagieren eigentlich die Bewerber*innen, wenn sie dich *so* im Bewerbungsgespräch sehen?«

Das saß. Wie sollten die Bewerber*innen denn reagieren? Auf mich wirkte es so, als wäre aufgrund meines Aussehens ja ganz klar, dass eine vermeintlich abwertende Reaktion folgen müsse. Es gibt ein sehr erfolgreiches Vortragsvideo von mir auf YouTube, in dem ich Rock, Heels und pink gefärbte Haare im Zopf trage, dazu einen leichten Bart und viel zu viel Rouge auf den Wangen. Natürlich war mir immer bewusst, dass ich nicht in ihr Bild passte. Gerade im Bürojob-Umfeld sah ich kaum jemanden, der*die aussah wie ich. Auch bei den Events war niemand sonst, den*die ich als queer gelesen hätte. Eigentlich spürte ich jeden Tag und jede Minute, dass ich als nicht zugehörig wahrgenommen wurde. Die meisten sahen mich nicht als trans Frau, sondern als geschminkten Mann. Geschminkte Männer, das sind Bill Kaulitz oder Harry Styles. Sie gehören in unserem *weißen*, westlichen Kontext zum Entertainment, vielleicht noch in den Karneval, aber nicht ins Bewerbungsgespräch. Kein Wunder also, dass dieser Jens mich als Parodie wahrnahm.

Die Unsicherheit, die aus der Angst resultierte, wegen meiner Andersartigkeit ausgeschlossen zu werden, wurde glücklicherweise durch mein Selbstbewusstsein ausgeglichen. So steckte ich diese Fragen gelassen weg. »Die Bewerber*innen, die mich *so* sehen, freuen sich über einen großartigen, transparenten und hoch kompetenten Bewerbungsprozess mit mir«, antwortete ich.

Das imponierte den Fragenden. Denn in unserer Gesellschaft wird Selbstbewusstsein oft mit Kompetenz gleichgesetzt.

Hier liegt ein grundsätzliches Problem: In Bürojobs in Deutschland, aber auch in der Politik und eigentlich überall, wo Geld verdient wird, liegt Kompetenz oft in Äußerlichkeiten, im Verhalten und Auftreten. Schminken? Direkt zehn Kompetenzpunkte Abzug. Dasselbe gilt je nach Branche für Menschen mit Tattoos, bunt gefärbten Haaren oder einem gendernonkonformen Aussehen. Zudem gilt es leider nach wie vor unter anderem für Menschen mit Migrationsgeschichte, Menschen mit Kopftuch, behinderte Menschen und auch für Frauen. Viele Unternehmen haben noch einen weiten Weg vor sich, um sicherzustellen, dass äußere Merkmale keine Rolle im Einstellungs- und Beförderungsprozess spielen. Kompetenz wird leider am ehesten *weißen*, heterosexuellen, erwachsenen cis Männern zugeschrieben. Für mich bedeutete meine Transition, vom »geschminkten Mann« zur »geschminkten Frau« zu werden – und damit schien die gesellschaftliche Idee von Kompetenz zu schwinden.

»In unserer Gesellschaft wird Selbstbewusstsein oft mit Kompetenz gleichgesetzt.«

Ich schrieb einen sachlichen Antwort-Post auf Jens' Kommentar, in dem ich darauf hinwies, wie prekär die Lage für trans* Personen am Arbeitsplatz ist: Viele finden überhaupt keinen Job und kämpfen stärker mit ihrer mentalen Gesundheit, weil sie einfach nicht ernst genommen werden. Jens fand es weniger witzig, dass ich ihn öffentlich kritisierte, und kontaktierte meinen Arbeitgeber. Mir rutschte das Herz in die Hose, als mich eines Morgens unsere Rechtsabteilung kontaktierte und fragte: »Du, Gazelle, kennst du einen Jens Müller?« Was Jens aber nicht wusste: In meinem Unternehmen genoss ich hohes Ansehen und wurde für meine Kompetenz im Personalwesen geschätzt – unabhängig von meinem Äußeren. Mein Arbeitgeber stellte klar, dass er 100 % hinter mir stand.

Und auch das saß. Ich übertreibe nicht, wenn ich sage, dass sich vermutlich jede queere und jede trans* Person diesen Rückhalt von ihrem Unternehmen wünscht – und erwarten können sollte. Ich weiß, dass ich nicht ins Bild passe. Aber ich möchte für meine Kompetenz geschätzt und respektiert werden. Und übrigens, jede*n diverse*n Bauarbeiter*in genderst du zum Beispiel so, Jens – gern geschehen. *Jens' Namen habe ich natürlich geändert.

SO FÜHLEN SICH TRANS* PERSONEN IN DEINEM UNTERNEHMEN WOHL(ER)

In Unternehmen und besonders in Einstellungsprozessen findet ganz viel bewusste und komplett unbewusste Diskriminierung statt. Ich habe meine Transition in einem E-Commerce-Unternehmen öffentlich durchlebt und gebe hier ein paar Tipps, wie du dein Unternehmen/Arbeitsumfeld inklusiver und sicherer für trans* Personen gestalten kannst:

1. Ich liebe es, wenn sich Menschen in Meetings mit ihren Pronomen vorstellen. »Hi, ich bin Gazelle, meine Pronomen sind sie/ihr.« Fühlt sich am Anfang vielleicht komisch an, aber viele trans* und queere Personen werden es dir danken.

2. Es hilft mir sehr, wenn ich Pronomen in E-Mail-Signaturen, bei offiziellen Präsentationen oder in Video-Calls lese, wo einige Menschen ihre Pronomen hinter ihren Namen vermerken. Das normalisiert es, Pronomen zu nennen, und schafft Bewusstsein für das Thema.

3. In meinen Augen sollte es in jedem Unternehmen gender-inklusive Sprach-Guidelines geben, die bei der internen (Meetings, E-Mails) wie externen Kommunikation (Stellenausschreibungen, Website) helfen.

4. Sehr wichtig finde ich, dass gerade bei Begriffen wie »Bewerber*innen« und »Mitarbeiter*innen«, wenn du dich also an reale Menschen richtest, gender-inklusiv

gesprochen wird. Das kann schon helfen, Vorurteile und vorgefertigte Bilder im Kopf abzubauen. So sprichst du im Bewerbungsgespräch nicht davon, dass du »den besten Bewerber« suchst, sondern dass du »unter allen Bewerber*innen das stärkste Profil« suchst.

5. Es ist wichtig, für trans* Personen die Möglichkeit zu schaffen, ihren richtigen Namen nutzen zu können, auch wenn dieser ggf. (noch) nicht in offiziellen Dokumenten geändert wurde. Klar, das Finanzamt und die Krankenkasse brauchen den Ausweisnamen; aber bei E-Mail, Signatur und interner Kommunikation sollte unbedingt der richtige Name statt des Deadnames genutzt werden.

6. Gender-neutrale Toiletten habe ich lange Zeit am allerliebsten genutzt. Klar, du kannst nicht das ganze Gebäude umrüsten und ein weiteres Klo anbauen. Du kannst aber zum Beispiel ein bis zwei Toiletten einfach gender-neutral »zum Stehen« oder »zum Sitzen« markieren. Oder sie, gerade bei kleinen Unternehmen mit wenigen Mitarbeiter*innen, einfach grundsätzlich als gender-neutral erklären. Das hilft nicht-binären trans* Personen ebenso wie denjenigen, die sich mitten in der Transition befinden und sich auf binär eingeteilten Toiletten nicht so wohlfühlen.

7. Ich habe mich über jeden Zuspruch total gefreut. Aber Achtung, es geht nicht um positive Diskriminierung oder Verniedlichung – »Na, du kleines süßes Einhörnchen« oder »Schwule sind immer so nett« ist nicht gemeint, das ist diskriminierend. Du kannst aber, so wie meine Teamleiterin, Menschen dazu ermutigen, sich am Arbeitsplatz so zu schminken und zu kleiden, wie sie sich wohlfühlen. Das ist nicht nur etwas, das queere Menschen, sondern alle Mitarbeiter*innen zu schätzen wissen.

GIALU

ZWISCHEN TENNISBÄLLEN UND MIKROS

Draußen stürmt es, und mein Vater (er/ihn) und ich spielen uns in der Halle den Tennisball zu – so, wie wir es schon seit meiner Kindheit machen. Die zwei weiteren Plätze sind leer, und außer Gazelle, meiner Mutter (sie/ihr) und unserer Hündin ist niemand da. Gazelle dehnt sich am Spielfeldrand, und meine Mutter schaut abwechselnd zu oder aufs Handy. Sie war bei gefühlt 98 % der Male dabei, seit ich Tennis spiele – egal ob Training oder Turnier. Als Teenager trainierte ich vier- bis fünfmal pro Woche und spielte zusätzlich ein bis zwei Turniere, was emotional extreme Höhen und Tiefen mit sich brachte. Tennis war von meinem 12. bis 18. Lebensjahr ein großer Teil meines Lebens, der mich sehr geprägt hat. Jetzt, mit 25, spiele ich nur noch, wenn ich meine Eltern besuche. Mein Ziel ist es, Spaß zu haben –

leichter gesagt als getan. Wir spielen den Ball sicherlich 20-mal hin und her, bevor ich ihn ins Netz schlage: ein Fehler.

»Jahrelang konzentrierte ich mich darauf, keine Fehler zu machen – beim Tennis und im Leben – doch ich machte welche. Immer wieder.«

Beim Tennis hatte ich es verinnerlicht: Keine Fehler machen. Wenn ich den Ball ins Netz oder Aus schlug, war es mein Fehler, der*die Gegner*in bekam den Punkt. Als Teenager wäre die Idealvorstellung gewesen, mich nur auf den Sport zu konzentrieren – Spaß zu haben, die frische Luft zu genießen, mich zu bewegen. Oft war es auch so. Doch je mehr ich trainierte, je höher wir mit dem Team aufstiegen, desto größer wurde der Erwartungsdruck. Bloß keinen Fehler machen. Ich lief hin und her, spielte den Ball immer wieder übers Netz, nur um ihn am Ende hineinzuschlagen – vom Spielfeldrand enttäuschtes Stöhnen, das mich noch mehr stresste – und ich wurde wütend und verzweifelt: »Alles umsonst, du kriegst einfach nichts hin! Kannst du eigentlich irgendwas?« Nächster Punkt. Mein Aufschlag. Zwei Versuche, den Ball übers Netz zu bringen. »Jetzt bloß keinen Doppelfehler machen. Das wäre so peinlich.« Doch natürlich machte ich einen. Ich konnte meinen eigenen Erwartungen nicht gerecht werden und fühlte mich, als hätte ich meine Eltern und das Team blamiert. Jahrelang konzentrierte ich mich darauf, keine Fehler zu machen – beim Tennis und im Leben – doch ich machte welche. Immer wieder.

Meine Fehler wurden zu meinem Fokus.

Jetzt, beim Spielen mit meinem Vater, kommen die Erinnerungen und Emotionen von früher hoch. Ich atme tief durch und rede mir selbst gut zu: »Das ist okay. Schau mal, du hast den Ball so oft übers Netz gespielt. Das ist doch richtig nice! Du kannst das.« Und während ich mit einem Lächeln zurück zur hinteren Linie laufe, um mich auf meinen Aufschlag vorzubereiten, muss ich an einen Moment mit Damjan (er/ihn) und Şeyda (sie/ihr) im Musikstudio denken. Wir waren dabei, einen meiner Songs aufzunehmen, und ich hatte große Schwierigkeiten, die hohen Töne zu treffen, die vor meiner Stimmveränderung durch Testosteron kein Problem für mich gewesen waren. Es war mir so unangenehm, die schiefen Töne ins Mikro zu singen, während zwei Musikprofis neben mir saßen. Ich fürchtete, ihre Zeit zu verschwenden und schämte mich dafür. Sicher würden sie die Zusammenarbeit mit mir gleich beenden. Doch Şeyda sagte: »Hey Gialu, alles easy. Die Töne sind echt nicht leicht, aber wir kriegen das zusammen hin. Du machst das super!« Damjan stimmte zu: »Schau mal, was du schon geschafft hast.« Es war sofort spürbar, dass die beiden an mich glaubten. »Es ist wichtig, dass es Spaß macht. Zweifel sind normal.« Und so

»Während ich den Ball auf den Boden trippeln lasse, sage ich mir: ›Du kannst das, Gialu. Ich glaub an dich. Trau dich und trau dir was zu.‹«

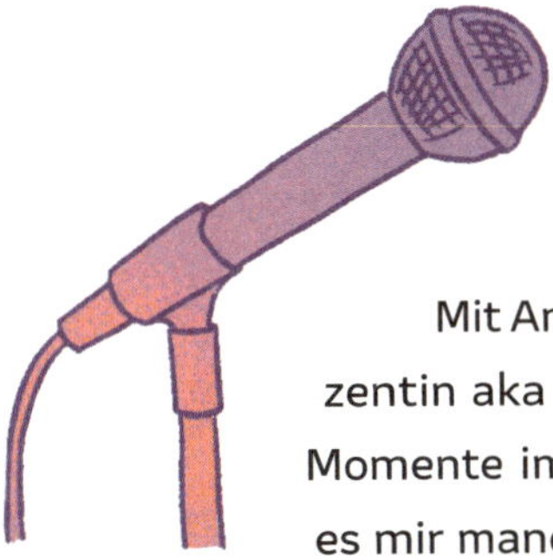

versuchte ich es immer wieder, bis die Töne saßen.

Mit Annelie (sie/ihr), meiner neuen Produzentin aka »Aufmischen«, erlebe ich ähnliche Momente im Studio. Neulich sagte ich ihr, dass es mir manchmal unangenehm ist, vor anderen zu singen, weil ich nicht alle Töne treffe. Sie nickte verständnisvoll: »Kann ich verstehen, das geht mir nach all den Jahren auch noch so. Aber du machst das wirklich gut!« Das half mir sofort – ich war nicht allein. Einmal gab es die Situation, in der meine Stimme die Töne einfach nicht mehr erreichte, egal, wie oft ich es versuchte. Ich fühlte mich schlecht, doch Annelie sagte: »Lass uns die Stelle so umschreiben, dass sie zu deiner jetzigen Stimme passt. Das kriegen wir hin!« Und sie hatte recht – wir fanden eine Lösung, die zu mir passte.

An der Grundlinie mache ich mich bereit zum Aufschlag. Während ich den Ball auf den Boden trippeln lasse, sage ich mir: »Du kannst das, Gialu. Ich glaub an dich. Trau dich und trau dir etwas zu.« Der Ball geht rein, und mein Vater kommt nicht dran. »Spitze!«, ruft meine Mutter vom Spielfeldrand. Monatelang habe ich kein Tennis mehr gespielt – und damals aufgehört, weil die selbstzerstörerischen Gedanken überhandgenommen hatten. Jeder Fehler ließ mich an allem in meinem Leben zweifeln. Doch heute ist es etwas anders. Ich versuche, mich auf meinen Körper, den Ball und auf das Hier und Jetzt zu konzentrieren.

Der Spass und der Glaube an mich selbst stehen im Vordergrund.

Das klappt heute auf dem Tennisplatz zum ersten Mal so richtig gut. Mein Vater und ich haben einen intensiven Ballwechsel, doch dann schlage ich den Ball ins Aus. Vom Spielfeldrand höre ich: »Ahhh, schade.« Kurz zucke ich zusammen, doch dann drehe ich mich zu meiner Mutter und sage lächelnd: »Warum denn schade? Der Ballwechsel war doch richtig krass, und dass ich den Ball noch kriege, hätte ich nicht gedacht. Siehst du, wie schnell ich geworden bin?« Sie lacht warm: »Da hast du recht! Der Ballwechsel war mega, und ich bin begeistert von deiner Beinarbeit. Spitze spielst du.« Diese direkte Zustimmung ist neu für mich – und erleichternd. Bevor ich weiter darüber nachdenken kann, bereite ich mich schon auf den nächsten Aufschlag vor.

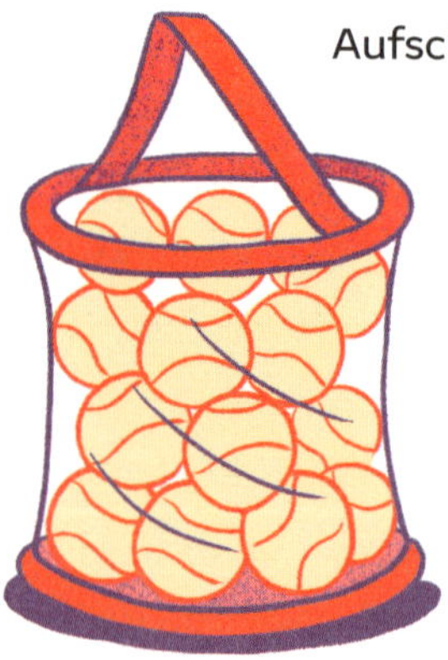

Heute möchte ich Gazelle beim Tennisspielen beeindrucken und probiere ein paar Tricks aus – manche klappen, andere nicht. Früher hätte ich krass Angst gehabt, Gazelle könnte denken, ich wäre eine Niete im Tennis, sobald ich einen Fehler mache. Aber die Bestätigung,

die sie mir im Leben gibt, hilft mir, das so zu sehen: Jeder Trick macht mir gerade Spaß, und Gazelle ist natürlich beeindruckt: Wie könnte sie es auch nicht sein? (Witz) Ich habe wieder mehr Spaß am Sport, und das strahle ich auch aus. Wir alle lachen viel hier auf dem Tennisplatz. Immer mehr versuche ich zu verinnerlichen: Fehler gehören dazu. Ich möchte sie als Teil meines Prozesses sehen und nicht als meine Makel. Und wenn ich die Kapazitäten habe, dann möchte ich aus ihnen lernen. Ich möchte die Angst vor Fehlern nicht länger zum Grund machen, etwas nicht zu erreichen oder aufzugeben. Vielmehr möchte ich nach Lösungen suchen, den Weg mit allen Höhen und Tiefen leben – und vor allem an mich selbst glauben.

ZIELE & ZUKUNFT

Gialu und Gazelle, was sind eure Ziele?

GIALU:

Eines meiner Ziele ist zum Beispiel, morgens nicht sofort, sondern erst nach dem Frühstück meine Social-Media-Kanäle zu checken. Ich merke, dass mir das meist sehr guttut.

GAZELLE:

Ich würde es wirklich gerne schaffen, mich besser um meine Pflanzen zu kümmern. Ich verstehe das mit dem Umtopfen und Düngen nicht so ganz. Da möchte ich gerne besser werden.

HAST DU ZIELE, UND WENN JA, WELCHE?

Gazelle und Gialu, worauf freut ihr euch in der Zukunft?

GIALU:

Oh, wenn ihr dieses Buch lest, wird schon unser kleiner Hund Percy bei uns eingezogen sein, und ich freu mich darauf, mit ihm regelmäßig spazieren zu gehen. Egal bei welchem Wetter. Hoffentlich wird auch ganz viel gekuschelt.

GAZELLE:

Da schließ ich mich an. Endlich jemand, der mit mir joggen geht! Außerdem hab ich mich schon in ein paar Hundeerziehungsbücher eingelesen. Da bin ich auch sehr gespannt, wie das so wird.

GIBT ES ETWAS, AUF DAS DU DICH IN DER ZUKUNFT FREUST?

GIALU

BESTE FREUND*INNEN

»Nein, wir sind nicht lesbisch«, sagte ich, und Si (Si/keine Pronomen) sagte: »Natürlich sind wir das nicht. Das machen alle besten Freund*innen so.« Wir lachten, doch irgendwie war da auch Unsicherheit. Was gestern Nacht passiert war, war neu für uns. Wir trauten uns beide nicht, ganz offen darüber zu sprechen. Was, wenn wir doch lesbisch waren? Hatten wir uns unsere Anziehung Jungs gegenüber immer nur eingeredet? Es fiel mir schwer, meine Gedanken zu sortieren. Es war 7 Uhr morgens, wir waren auf dem Weg zur Schule – und im kompletten Gefühls- und Gedankenchaos.

Si und ich lernten uns in der achten Klasse kennen und waren ab da unzertrennlich. Wenn die Lehrer*innen uns allein auffanden, fragten sie, wo denn unsere zweite Hälfte sei. Ein Leben ohne Si konnte ich mir nicht mehr vorstellen. Mit Si fühlte sich alles leichter an, und wir verbrachten fast jeden Tag miteinander: Si begleitete mich zu meinen Tennisturnieren, ich Si zu Fussballspielen. Wir kuschelten viel und gern. Nach der Schule machten wir oft erstmal einen gemeinsamen Mittagsschlaf und dann unsere Hausaufgaben. Mit Si fühlte ich mich wohl dabei, mehr von mir zu zeigen und mich selbst kennenzulernen, weil ich nicht das Gefühl hatte, dass Si mich verurteilen würde, sondern aufrichtig wertschätzt. Wir lachten und weinten gemeinsam. An Weihnachten und zu Geburtstagen schrieben wir uns seitenlange Briefe, in denen ich versuchte, zu beschreiben, wie unglaublich wunderbar ich Si fand. Klar, wir stritten uns auch mal – die Pubertät konnte bei uns echt heftig sein – aber eins war klar:

WIR WAREN BESTE FREUNDINNEN.

Wenn sich so etwas für dich wie eine Freund*innenschaft anfühlt, ist das natürlich valide – wir alle definieren unsere zwischenmenschlichen Beziehungen anders. Doch im Nachhinein merkte ich, dass ich viele meiner Emotionen unterdrückt hatte.

Es war ein Wochentag, und wie so oft übernachtete ich bei Si. Ich liebte diese Übernachtungen, weil wir den Tag nicht getrennt beenden mussten. Wir snackten Eis und Chips,

»Es fühlte sich so wunderschön an, dass ich nicht wollte, dass es aufhörte, aber gleichzeitig hatte ich Angst, dass das, was wir taten, nicht okay war.«

lachten, schauten YouTube-Videos und spielten Handy-Spiele wie *Cut the Rope* oder *Doodle Jump*. An anderen Tagen spielten wir Fußball im Garten, sangen laut zu »Call Me Maybe« von Carly Rae Jepsen oder »I Kissed a Girl« von Katy Perry, und mein Herz war voller Freude. Manchmal schrieben wir sogar Songs zusammen – ich spielte Gitarre, Si Klavier oder Cello. Es war uns egal, was wir machten – solange wir zusammen waren, fühlte es sich warm und richtig an.

An diesem Tag gingen wir früh ins Bett, da wir am nächsten Morgen um sechs Uhr aufstehen mussten, um den Zug zur Schule zu erwischen. Wir kuschelten uns aneinander und lachten über Memes. Ein Post erklärte, dass der Hals und die Ohren erogene Zonen seien. Wir kicherten und ich fragte: »Glaubst du das wirklich?« Si sah mich mit wunderschönen blauen Augen an und lächelte: »Kann schon sein, oder?« Dann kamen wir auf die Idee, es einfach mal auszuprobieren. Wir streichelten uns gegenseitig am Hals, berührten uns sanft, und plötzlich sprudelte ein warmes Kribbeln durch meinen Körper. Irgendwann begannen wir, uns gegenseitig am Hals zu küssen und lachten dabei. Es war eine Mischung aus Nervosität, Unsicherheit und Spaß. Es fühlte sich so wunderschön an, dass ich nicht wollte, dass es aufhörte, aber gleichzeitig hatte ich Angst, dass das, was wir taten, nicht okay war. Schließlich hatten wir gerade noch darüber gesprochen, welche Jungs wir hot fanden, und jetzt waren wir uns so nah. Ich spürte, dass Si ähnliche Gedanken hatte, aber wir sprachen sie beide nicht aus und machten einfach weiter. Während Si meinen Hals küsste und in meinem Arm lag, wünschte ich mir einfach nur, dass die Nacht nie enden würde.

Auf dem Weg zur Schule bestärkten wir uns gegenseitig darin, dass wir nur etwas ausprobiert hatten, wir deswegen nicht direkt lesbisch seien und es uns selbst nicht viel bedeutete. Aber das war nicht wahr. Denn ich konnte den ganzen Tag an nichts anderes denken als an die vergangene Nacht. Jedes Mal, wenn ich daran dachte, wurden meine Wangen heiß und rot, und dieses aufregende Gefühl breitete sich in meinem ganzen Körper aus. Hoffentlich würde niemand etwas merken. Nach der Schule sprachen Si und ich darüber, ohne wirklich auszusprechen, was passiert war, und einigten uns darauf, dass es unser Geheimnis bleiben würde. Einerseits war das eine Erleichterung, andererseits machte es mich traurig. Warum mussten wir verstecken, was wir empfanden? Wir wollten auf keinen Fall, dass etwas unsere Freund*innenschaft zerstörte. Wir sprachen weiter über die Jungs, die wir hot fanden – mein Crush war Shawn Mendes, Sis Cody Simpson – aßen Salzchips und kuschelten im Bett. Alles zwischen uns war gleich, und doch war da mehr. Ein Mehr, das wir beide spürten, aber wir taten so, als wäre es nichts Besonderes. Wir wollten es nicht wahrhaben. Als wir das nächste Mal beieinander übernachteten, machten wir das Licht aus und sagten gute Nacht. Ich lag jedoch hellwach da und fragte mich, ob Si wohl auch darüber nachdachte. Mein Herz pochte, als ich meinen kleinen Finger unter der Decke nach Sis Hand ausstreckte – und ich lächelte, als ich merkte, dass Sis Hand mir entgegenkam. Plötzlich machten wir da weiter, wo wir aufgehört hatten, und ich fühlte mich geborgen und sicher.

Erst Wochen später trauten wir uns, mehr über das zu sprechen, was zwischen uns war. Im Internet fanden wir heraus, dass es Bisexualität gibt. Wir sprachen darüber, dass wir wahrscheinlich bi sind, aber gleichzeitig betonten wir, dass wir beste Freundinnen sind und unbedingt eine Beziehung mit einem Mann wollen. Uns war klar: Wenn wir wirklich eine romantische Beziehung führen würden, würden *alle* in der Schule und im Dorf über uns und unsere Beziehung reden. Zwei Mädchen, die sich küssten, fanden viele hot, aber zwei Mädchen in einer Beziehung? Das war ein No-Go, zumindest in unserem Umfeld. Wir hatten Angst, ausgelacht und ausgegrenzt zu werden, also blieben wir offiziell beste Freundinnen. Wir gestanden uns einerseits unsere Bisexualität ein und gleichzeitig verdrängten wir sie. So waren wir zwei Jahre lang in einer romantischen Beziehung miteinander, ohne es wahrhaben zu wollen. Wir sagten weiterhin: Wir sind »nur« beste Freundinnen. Erst nach der Schule drifteten wir etwas auseinander, als wir beide in hetero Beziehungen waren und räumlich getrennt.

> ***»Manchmal denke ich an klein Gialu und klein Si zurück und frage ich mich: Was wäre, wenn wir damals schon gewusst hätten, dass es vollkommen okay ist, bi zu sein?«***

Inzwischen haben Si und ich wieder zueinander gefunden. Ich betrachte Si als Teil meiner Familie, und wir sehen uns immer, wenn ich in meiner alten Heimat zu Besuch bin oder Si mich in Berlin besucht. Vor einiger Zeit saßen Si, meine Mutter und ich zusammen auf der Couch und schauten einen Film – einer dieser Momente, die ich liebe. Nach dem Abspann machte meine Mutter sich bettfertig, und Si und ich quatschten noch ein bisschen über unser Leben, somit auch über unsere Liebesleben. Wie so oft spaßten wir darüber, dass Si und ich damals einfach nicht verstanden haben, dass wir eigentlich in einer romantischen Liebesbeziehung waren. Als meine Mutter uns laut kichern hörte, fragte sie neugierig, was denn so witzig sei. »Hast du dir eigentlich nie gedacht, dass Si und ich damals mehr als Besties waren?«, fragte ich lachend. Meine Mutter dachte kurz nach und lachte dann: »Stimmt – jetzt, wo du's sagst!«

Manchmal denke ich an klein Gialu und klein Si zurück und frage ich mich: Was wäre, wenn wir damals schon gewusst hätten, dass es vollkommen okay ist, bi zu sein? Dass queere Beziehungen genauso valide sind wie hetero Beziehungen? Wenn wir früher gelernt hätten, offen und ehrlich zu kommunizieren? Und vor allem: Wenn wir uns in einem queerfreundlichen Umfeld befunden hätten? Mir ist klar, dass sich die Vergangenheit nicht ändern lässt – doch ich finde, wir können aus ihr lernen und daran arbeiten, eine Zukunft zu gestalten, in der sich alle wohlfühlen, ganz egal, wen sie attraktiv und anziehend finden, in wen sie sich verlieben und mit wem sie Beziehungen führen. Queere Liebe ist real und wunderschön. Und ich weiß inzwischen ganz sicher:

SI WAR MEINE ERSTE ROMANTISCHE LIEBE.

THE B IN LGBTQIA+

CN: Queerfeindliche Aussagen

Ey, die sagt einfach, sie ist bi, obwohl sie noch nie was mit ner Frau hatte!

GIALU:

Und wo ist das Problem? Das muss sie doch auch nicht. Du kannst bi sein mit und ohne Erfahrung.

Na ja, ich glaub ihr das nicht, die meisten sagen das doch nur für Aufmerksamkeit. Oder sie trauen sich nicht zu sagen, dass sie eigentlich lesbisch oder schwul sind.

GAZELLE:

Leider ist es oft so, dass in unserer Gesellschaft vor allem bi Frauen vorgeworfen wird, dass sie das nur für Aufmerksamkeit machen würden, und bi Männern, dass sie insgeheim schwul sind. Aber das ist nicht so. Bisexuelle Frauen sind bisexuell und bisexuelle Männer sind bisexuell.

Aber mein Kollege Julian meinte immer, er sei bi, und jetzt ist er doch schwul!

GIALU:

Das kann gut sein. Das passende Label für sich zu finden, kann einfach dauern und ist ein Prozess. Und das ist voll okay. Nur weil Julian jetzt herausgefunden hat, dass er schwul ist, heißt das nicht, dass alle bi Männer irgendwann schwul werden. Es gibt genauso Männer, die sich erst als schwul labeln und später merken, sie sind bi.

Hmm, okay. Aber wenn ein bi Mann zum Beispiel mit einem schwulen Mann zusammen ist, ist der bi Mann dann auch schwul?

GIALU:

Nee, dann ist er immer noch bi. Dann ist nur die Beziehung zwischen den beiden eine schwule Beziehung – solange die Personen, die in der Beziehung sind, diese auch so labeln wollen.

GAZELLE:

Grundsätzlich kannst du dir merken: Egal mit wem eine bi Person zusammen ist, egal wie viel Erfahrung sie gesammelt hat, egal ob Single oder in einer Beziehung: Bi Personen sind so lange bi, wie sie dieses Label für sich nutzen wollen.

Okay, danke. Warum sehe ich dann immer noch so viele Videos von Personen, die sagen, sie könnten eine bi Person »weniger bi« machen? Das geht dann doch gar nicht?

GAZELLE:

Nee, definitiv nicht. Das ist eine superschädliche und queerfeindliche Rhetorik, die oft gegen bi Personen verwendet wird. Aber wie bei allen anderen Identitäten geht das nicht. Niemand hat das Recht, von außen etwas über die sexuelle Orientierung einer Person zu sagen – und niemand muss die eigene sexuelle Orientierung irgendwie »beweisen«.

Klar, das ist wichtig. Danke euch für die Erklärung. Eine Frage noch an Gialu: Bist du jetzt bi oder nicht-binär?

GIALU:

Also theoretisch könnte ich beides sein. Denn bisexuell ist eine sexuelle Orientierung, die aussagt, von wem ich mich sexuell angezogen fühle. Und nicht-binär ist eine Geschlechtsidentität, also wie ich mich identifiziere.

GAZELLE:

In diesem Kontext ist für dich vielleicht wichtig zu wissen, dass es verschiedene Arten der Anziehung gibt: sexuelle, romantische, und auch etwa platonische und sensuelle. Und dann gibt es die Geschlechtsidentität, die zunächst einmal nichts über die sexuelle Orientierung aussagt.

Wie wär's, wenn wir ein veganes Croissant mit Pistazienfüllung essen gehen?

GAZELLE UND GIALU:

Uhh! Das hört sich gut an.

GAZELLE

AUF WAS STEHST DU SO?

Wir sitzen in einer Berliner WG, am Rande der Party. Die anderen tanzen ausgelassen zu Jason Derulos »Love Not War«. Die Freundin (sie/ihr) des Gastgebers lehnt sich entspannt zurück, nimmt einen Schluck aus ihrer Bierflasche und mustert mich neugierig. Nach einer kurzen Pause fragt sie beiläufig: »Und, auf was stehst du so?« Ich blicke sie an und überlege. Die Frage bringt mich ins Grübeln, obwohl ich sie gut finde – sie bringt mich dazu, darüber nachzudenken und in Worte zu fassen, von wem ich mich romantisch und sexuell angezogen fühle. »Puh, ehrlich gesagt, fällt mir schwer zu sagen«, erkläre ich. »Ich habe verschiedene Menschen gedatet, und wenn ich etwas festlegen müsste, das mir wichtig ist, dann vielleicht ein tolles Lächeln und Humor.« »Okay«, sagt die Freundin und zieht eine Augenbraue hoch. »Aber du stehst schon eher auf Männer?« Ich lächele nur.

Eine Zeitlang ist mein Datingleben in Berlin ziemlich wild gewesen, so wie ich mir ein Berliner Datingleben vorgestellt hatte: Ich datete einen Hautarzt, dann einen Physiotherapeuten, später einen Jungdesigner aus Neukölln. Einmal war da ein Innenarchitekt, der mir beim zweiten Date die ganze Wohnzimmerdecke und den Flur strich und sogar half, den Keller auszuräumen – nur um später am Tag zu merken, dass es zwischen uns doch nicht passte. Upsi. Ich verbrachte eine gute Zeit mit einem KFZ-Mechaniker und unterstützte ihn bei seiner Bewerbung für eine neue Stelle – gern geschehen. Mit manchen Menschen landete ich im Bett und war danach enttäuscht, bei anderen erfuhr ich nicht mal den Namen – die meisten sah ich nie wieder. Aber sie alle hatten eine Sache gemeinsam: Es waren Männer. Denn die meiste Zeit meines Lebens hatte ich mich als schwulen Mann bezeichnet.

Wie so oft im Leben legen sich viele Menschen – mich eingeschlossen – bei vielen Dingen ganz schön schnell fest und hinterfragen sie im Anschluss nicht mehr. »Ich mag keine Bananen«, höre ich zum Beispiel oft. »Was Musik angeht, mag ich alles außer Schlager.« Oder eben: »Ich bin schwul. Das weiß ich, seit ich 16 bin.« Versteht mich nicht falsch: All das kann absolut korrekt sein und bis zum Lebensende gelten, aber *muss* es eben nicht. Als mir klar wurde, dass ich eine trans Frau bin, verstand ich schnell, dass das bedeutete, dass ich, anstatt ein schwuler Mann zu sein, wohl eine hetero Frau wäre. Immerhin stand ich auf Männer.

»Also bist du hetero?«, fragt die Freundin auf der Party. Der Klassiker: Oft wird automatisch davon ausgegangen, dass eine Person auf das »andere« Geschlecht steht. Ich bin froh, dass sie versteht, dass ich als trans Frau hetero wäre, würde ich ausschließlich auf Männer stehen.

Manche verstehen das nicht. Während meiner Transition begann ich, heterosexuelle Männer zu daten, und einige fragten mich, ob sie jetzt schwul seien, wenn sie mit mir zusammen wären. Hallo, internalisierte Queerfeindlichkeit. Ich erklärte ihnen, dass das nicht der Fall war – ich bin eine Frau, sie sind Männer, also ist das, was wir tun, ganz schön hetero. Die Erleichterung in ihnen war spürbar. Nicht selten war ich die erste trans Frau, mit der sie sich trafen oder überhaupt sprachen. Ich konnte ihre Sorgen nachvollziehen: Herauszufinden, dass man sich nicht so sicher über die eigene Sexualität oder Geschlechtsidentität ist, kann ein anstrengender Prozess sein. Hallo nochmal, internalisierte Queerfeindlichkeit. Oftmals sind Labels in Bezug auf Geschlecht und Sexualität gesellschaftlich aufgeladen und folgen einer Hierarchie. Heterosexualität gilt als »normal«, während alles, was davon abweicht, zunächst als »nicht normal« betrachtet wird – und das bringt oft Diskriminierung mit sich. Ich hatte meine Sexualität im Teenageralter festgelegt, und dieses Label gab mir auch Sicherheit, denn ich hatte endlich einen Begriff, der zu mir passte, der mir half, durchs Leben zu navigieren und mich einzuordnen.

»Sorry, du musst das natürlich nicht sagen. Ist ja total persönlich.« – »*I know money can't buy, buy, buy you love. I guess I didn't try, try hard enough*«, singt Jason Derulo wehleidig, bevor der Beat wieder aus den Boxen scheppert. »Doch, ich möchte es gern mit dir teilen«, sage ich nervös und rücke etwas näher an die Freundin, weil mir die Musik plötzlich sehr laut vorkommt – oder weil ich nicht in der Lage bin, mit so richtig erhobener Stimme über das Thema zu sprechen. Es ist eines der ersten Male, dass ich mich so beschreibe, wie ich es gleich vor ihr tun werde. In den Monaten zuvor habe ich einige Menschen getroffen, die keine Männer waren, und doch fühlte ich mich zu ihnen hingezogen. Menschen mit einer tollen Ausstrahlung, einem einnehmenden Lächeln. Manchmal war es auch das Parfum, das mich regelrecht betörte. Aber ich hatte all diese Begegnungen abgetan, weil ich mir sicher war, dass ich nur auf Männer stand. Und das waren sie alle nicht.

Dann traf ich Gialu. Auch auf einer Party, in der gleichen WG. Gemeinsame Freund*innen stellten uns einander vor. Ich hatte keine großen Erwartungen oder Gedanken über eine mögliche Freund*innenschaft oder Beziehung. Doch an diesem Abend unterhielten Gialu und ich uns zum ersten Mal ausführlich. Im weißen Hemd, mit lockerer Krawatte, erzählte Gialu über deren Erfahrungen im Arbeitsleben und der Freiberuflichkeit. Es ging um persönliche Werte, Selbstwert und den Wert der eigenen Arbeit. Wow, dachte ich,

Gialu ist echt ganz schön smart. Es war einfach angenehm, mit ihm zu reden. Ich war eine der Ersten, die an diesem Abend nach Hause ging. Ich versuchte immer, an den nächsten Arbeitstag zu denken und nicht allzu spät ins Bett zu kommen. »Willst du gelten, mach dich selten, Gazelle«, redete ich mir oft auf latent toxische Art mein Pflichtbewusstsein schön. Gialu verabschiedete sich von mir mit einer halben Umarmung. Sein Arm strich sanft über meinen Rücken. Als wir uns lösten, lächelte Gialu mich mit seinen bernsteinfarbenen Augen liebevoll an. »Ich hoffe, wir sehen uns bald wieder«, sagte Gialu. Mein Herz raste. War das möglich? In mir entstand ein wohliges Gefühl, das ich sonst nur bei ein paar wenigen Männern in meinem Leben empfunden hatte. Es fühlte sich wie ein kleiner Crush an. Aber das konnte doch nicht sein, dachte ich. Gialu ist nicht-binär, und ich stand doch nur auf Männer.

DAS KONNTE NICHT STIMMEN.

Als ich mit Freund*innen über meinen Crush sprach, winkten sie ab. »Das kann ja nie klappen mit euch. Gialu ist kein Mann«, wollte mir ein Freund erklären. »Hör da nicht drauf, Gazelle«, entgegnete ein anderer direkt. »Ich glaube, manche Menschen fühlen sich davon getriggert, dass sich *deine* Sexualität weiterentwickelt«, es wurde ein scharfer Blick von einem Freund zum anderen geworfen. »Ich habe jetzt viele

> ***»Durch Gialu traute ich mich, meine scheinbar festen Labels loszulassen.«***

Männer gedatet, aber ich bin trotzdem bi. Viele denken, man ist eigentlich schwul, wenn man sagt, dass man bi ist als Mann, so, als wollte man es sich selbst nicht eingestehen. Manche finden, man müsste mit soundso vielen Menschen geschlafen oder was gehabt haben, um wirklich bi zu sein. Aber das ist alles Quatsch.« Ich fühlte mich bestärkt. Ich folgte meinem Bauchgefühl und verbrachte mit Gialu eine wunderschöne Zeit während des Datings. Wir stellten schnell gemeinsame Interessen und Hobbys fest, liehen uns Räder aus und fuhren durch den Tiergarten, schauten einen Kinofilm am Potsdamer Platz; wir aßen Tofu-Magali in Kreuzberg und spazierten die Oranienstraße entlang, ganz oft genossen wir den Sonnenuntergang in Zweisamkeit an der Spree, einmal sogar auf dem Teufelsberg. Ich entwickelte zunehmend stärkere Gefühle für Gialu. Verliebte mich in unsere Gespräche, die lustigen Momente zwischen uns, die uns zum Lachen brachten, und die wärmenden Umarmungen, wenn ich mal wieder keinen Pullover mitgenommen hatte, obwohl es abends inzwischen gut abkühlte. »Ich hab dir doch gesagt, nimm einen Pulli mit«, sagte Gialu dann, zog im gleichen Moment seinen eigenen aus und reichte ihn mir mit einem Lächeln. »Mir ist eh immer warm.« I was in love with Gialu! Und ich ließ es zu. Inzwischen sind wir seit über einem Jahr offiziell ein Paar. Durch Gialu traute ich mich, meine scheinbar festen Labels loszulassen, und erkannte, dass ich weder ein schwuler Mann noch eine hetero Frau bin.

»Eigentlich stehe ich nicht so auf Labels«, sage ich der WG-Party-Freundin, die wohl gefühlt eine halbe Stunde auf meine Antwort gewartet hat. »Es gibt pan-, omni- und bisexuell – alles davon könnte irgendwie passen. Es beschreibt im Grunde das, was ich fühle: Dass es mir nicht auf das Geschlecht ankommt, sondern auf den Menschen, auf die Energie. Auch, dass ich trans bin, ist nur ein Label, damit andere mich einordnen können. Ich brauche es nicht unbedingt. Manchmal frage ich mich, wie es wäre, auf sämtliche Labels zu verzichten. Manche Menschen lieben wir, mit anderen teilen wir körperliche Intimität, einige sehen wir rein platonisch. Da ist das Geschlecht doch egal. Aber ja, wenn du es genau wissen willst – ich bin eine bisexuelle trans Frau.« »*Can we just make love, not war, oooooh!*«, erreicht Jason Derulo den Höhepunkt seines Songs.

»Ahh!« Die Freundin sieht mich mit großen Augen an. »Wie schön!«, sagt sie. Es fühlt sich aufrichtig an. Sie nippt an ihrem Bier. Ich sehe auf den Boden, dann wieder zu ihr: »Und du, auf was oder auf wen stehst du so?«, frage ich.

»Ich? Ach, ich bin einfach hetero.«

»Ahh!«, sage ich und lächele. »Wie schön.« Dann wäre das ja geklärt.

»GREEN« UND »RED« FLAGS

Gazelle und Gialu, was sind eure »Red« und »Green« Flags bei euch selbst?

GIALU:

Puh, eine meiner Red Flags ist wahrscheinlich, dass ich mich schnell in Beziehungen stürze und schon nach einem Tag zusammenziehen könnte. Ich lerne, es langsam angehen zu lassen. Eine meiner Green Flags ist, dass ich es liebe, meine Beziehungspersonen meinen Freund*innen vorzustellen, und es schön finde, wenn wir alle zusammen etwas unternehmen – wenn das von allen Seiten gewünscht ist.

GAZELLE:

Eine Red Flag von mir ist, dass ich nicht gut darin bin, nach Hilfe zu fragen. Das lerne ich mittlerweile aber auch und ich merke, wie gut mir das tut. Eine meiner Green Flags ist definitiv meine Empathie, zusammen mit meiner Geduld. Ich kann mich sehr gut in andere Menschen reinversetzen und empathisch handeln. Da bin ich auch sehr geduldig und das erfreut mich einfach.

WAS SIND DEINE »RED« UND »GREEN« FLAGS BEIM DATING?

Gialu und Gazelle, welche Charaktereigenschaften schätzt ihr jeweils an der anderen Person?

GIALU:

Ich hatte bei Gazelle sofort das Gefühl, dass ich mich öffnen kann, ohne dass sie mich verurteilt. Sie ist sehr einfühlsam. Außerdem liebe ich ihren Humor. In einer Beziehung zusammen lachen zu können, tut mir so gut. Und ich bewundere ihren Mut, sich zu verändern und Neues zu lernen. Am Anfang unserer Beziehung sagte sie noch, dass sie keine Hunde mag. Dann fanden wir heraus, dass sie eigentlich nur Angst hatte, und inzwischen haben wir einen Hund adoptiert! Das macht mich so glücklich.

GAZELLE:

Gialu ist ein sehr liebevoller Mensch, bei dem ich mich geborgen fühle. Außerdem ist Gialu sehr interessiert an der Welt und wir haben oft sehr tiefe Gespräche. Andererseits ist er auch einfach extrem witzig, vor allem, wenn er sich wohlfühlt, kommt nochmal ne neue Seite zum Vorschein, die ich sehr liebe, und ich schätze, dass er mir diese zeigt.

WAS SCHÄTZT DU AN ANDEREN PERSONEN UND WAS AN DIR SELBST?

Was hat euch beim Dating geholfen?

GAZELLE:

Mir hat mal eine Freundin empfohlen, auf einem weißen Blatt Papier aufzuschreiben, was ich von einer Beziehung erwarte. Was wünsche ich mir im Zusammensein, in der Kommunikation und wann würde mich eine Beziehung erfüllen? Das fand ich total hilfreich.

GIALU:

Bevor wir überhaupt anfingen zu daten, haben Gazelle und ich mehrere Stunden lang miteinander telefoniert, um uns dazu auszutauschen, was wir von Dating und von einer Beziehung erwarten. Das hat gut getan und wir haben zum ersten Mal bemerkt, dass wir uns wirklich gut verstehen.

FUCK
GENDER
ROLES

GIALU

SHAVE IT OR NOT

Gazelle umfasst sanft meine Hand, die den neu gekauften Rasierer hält, und setzt ihn an meiner rechten Wange an. Wir stehen vor dem großen Spiegel im Badezimmer, unser gemeinsamer Friend Sophia (sie/keine Pronomen) mit der auf uns gerichteten Kamera im Hintergrund. Gazelle schmunzelt: »Bist du ready?« Und wie ich ready bin – es ist das erste Mal, dass ich mir den Bart rasiere, den mir das Testosteron wachsen lässt. Der Bart hat mir lange geholfen, mich wohler zu fühlen, doch jetzt bin ich bereit für diesen Schritt. Mit Gazelle an meiner Seite fühle ich mich sicherer, denn sie weiß, was zu tun ist, da sie sich jahrelang selbst den Bart rasiert hat. Und Sophia wird diesen besonderen Moment einfangen. Es ist nicht das erste Mal überhaupt, dass ich mein Gesicht rasiere, aber das erste Mal, dass ich es nicht aus Scham tue. Mittlerweile liebe ich meine Gesichtsbehaarung und sie gibt mir oft Euphorie. Das ist nicht immer so gewesen.

»Längst war mir von meinem Umfeld klargemacht worden, dass Haare an ›weiblichen‹ Körpern nicht gern gesehen waren.«

»Fuck, warum sind die denn schon wieder nachgewachsen? Die anderen in der Schule werden mich auslachen.« Das ging mir durch den Kopf, als ich im Beifahrerspiegel die kleinen Härchen auf meiner Oberlippe entdeckte, während meine Mutter mich zum Zug brachte. Hatte ich mir nicht erst vor zwei oder drei Tagen den »Damenbart« wegrasiert? Mit 13 wurde ich zum ersten Mal darauf aufmerksam gemacht. »Iiih, du bist doch ein Mädchen, warum hast du Haare über der Lippe?« Von da an rasierte ich die Härchen auf meiner Oberlippe. Und nicht nur das – ich rasierte meine Beine, meine Achseln, die Intimbehaarung und sogar die Haare auf den Armen. Warum eigentlich? Längst war mir von meinem Umfeld klargemacht worden, dass Haare an »weiblichen« Körpern nicht gern gesehen waren und sehr oft mit abwertenden Kommentaren versehen wurden. Ich erinnere mich noch genau an ein Tennisturnier, bei dem sich eine Gruppe von Jungs zwischen 13 und 17 über die Beinbehaarung eines 14-jährigen Mädchens lustig machte: »Bah, die müsste sich mal rasieren – ist ja ekelhaft, wer will das denn?« Dabei rasierten sie selbst ihre Beinhaare auch nicht. Im Gegenteil: Es war wichtig, möglichst schnell viele Haare zu haben, um »männlich« zu wirken. Gleichzeitig lachten sie über einen Jungen: »Haha, der ist sicher schwul. Nur Schwule rasieren sich die Beine.« Einige der Eltern lachten mit, und niemand sagte etwas dagegen. Auch ich traute mich nicht, etwas zu sagen, und checkte schnell, ob meine Beinhaare »gut genug« rasiert waren. Ich hätte nicht ausgehalten, schon wieder ausgelacht zu werden. Ich ging davon aus, dass die Jungs und Eltern recht hatten – schließlich waren die Models und Frauen, die ich in Magazinen und Filmen sah, immer perfekt haarlos, genauso wie die Darstellerinnen in den Pornos, die ich heimlich mit meiner besten Freundin gesehen hatte.

Im Zug auf dem Weg zur Schule überlegte ich, ob ich lieber zu spät zur ersten Stunde kommen sollte, um noch schnell im Drogeriemarkt einen Rasierer zu kaufen. Einmal hatte ich es genau so gemacht, als ich merkte, dass ich vergessen hatte, mich zu schminken und meine Pickel nicht abgedeckt waren. Fast zehn Jahre meines Lebens rasierte ich mich fast täglich, schnitt mich dabei, hatte Rasierpickel und schämte mich, wenn es nicht »perfekt glatt« war.

Erst mit 22 sah ich auf Social Media immer mehr Menschen, vor allem Frauen, die ihre Körperbehaarung wachsen ließen und sie als schön und attraktiv bezeichneten. Das war komplett neu für mich, und meine Gefühle waren gemischt – genauso wie die Kommentare. Einerseits gab es die üblen Sprüche: »Ekelhaft« und »Eine richtige Frau hat rasierte Beine«. Andererseits las ich auch: »Wow, deine Körperbehaarung sieht so schön aus!« und

»Warum sollten wir uns rasieren, wenn das unsere natürliche Behaarung ist? Du siehst großartig aus«. Stimmt – zum ersten Mal hinterfragte ich, was ich jahrelang als »normal« empfunden hatte: Warum rasiere ich mich eigentlich? Noch dazu sind »Damenrasierer« meist teurer als »Herrenrasierer«, obwohl letztere sogar besser funktionieren und länger halten. Aber klar – ich gebe natürlich gerne mehr Geld für einen schlechteren Rasierer aus, nur weil er pink ist ... (Ironie) Ich begann, immer mehr über meinen eigenen Bezug zu meiner Körperbehaarung nachzudenken und sah Videos von Frauen, nicht-binären Personen und Männern, die offen über ihre Erfahrungen sprachen. Was sie bedrückte und was sie in ihrem Körper gut fühlen ließ. Dann stieß ich auf ein Video, das vorschlug, auszuprobieren, sich einen Monat nicht zu rasieren. Das klang für mich sinnvoll, um etwas mehr herauszufinden, mit welchen Teilen meiner Behaarung ich mich wohlfühlte. Als meine Beinhaare langsam länger wurden, wuchs auch meine Scham und die Angst, von meinen Freund*innen ausgelacht zu werden. Doch es kam kein einziger Kommentar. Wie absurd auch, oder? Ich würde sie schließlich auch nicht auf ihre Körperbehaarung ansprechen. Aber was, wenn Menschen, die mich sehen, fiese Kommentare *denken*, meldete sich eine Stimme in meinem Kopf, der ich versuchte zu antworten: Gialu, das sind deine eigenen Ängste, und du möchtest doch, dass es dir egal ist, was andere Menschen auf diese gemeine Art und Weise über dich denken. Tatsächlich kamen die Kommentare dann doch. »Oh, warum hast du jetzt eigentlich so lange Beinhaare?« oder »Das ist doch voll unhygienisch, Haare in den Achseln zu haben«. Diese Kommentare kommen auch heute noch. Manchmal trifft mich das mehr und manchmal weniger. Wenn ich die Kraft dazu habe, lauten meine Antworten: »Weil es mir gefällt«, »Nein, es ist nicht unhygienisch« oder »Ich finde es tatsächlich attraktiv, können wir ja alle machen, wie wir wollen« bis hin zu »Was geht dich mein Körper an?«. Die internalisierte Scham war groß, und es dauert bis heute an, sie abzubauen.

Am meisten Angst hatte ich vor dem ersten Mal Sex ohne perfekte Rasur. Es dauerte tatsächlich noch länger, bis ich aufhörte, meinen Intimbereich zu rasieren. Als es dann so weit war, fühlte ich mich unsicher, aber ich versuchte, mich an die Male zu erinnern, als ich mit Menschen intim war, die unterschiedlich rasiert waren, und wie egal mir das war.

Durch mein Selbstexperiment merkte ich schnell, dass ich glattrasierte Beine zwar immer noch als etwas Schönes an mir selbst empfand, aber auch meine unrasierten Beine lieben lernen konnte. Dasselbe gilt für meine Achseln. Meine Körperrasur geht zudem nur mich etwas an. Mich fast zehn Jahre lang komplett zu rasieren, war jedenfalls nicht nur durch ästhetische Vorlieben geleitet, sondern durch ein sozialisiertes, diskriminierendes Schönheitsbild und antrainierte Scham. Manchmal rasiere ich meine Beine und Achseln noch, aber ist es mir den Aufwand wert? Selten. Finde ich mich so oder so schön? Auf jeden Fall!

Zurück im Badezimmer mit Gazelle und Sophia. Wir sind gerade fertig mit meiner Bartrasur. Es hat länger gedauert, als ich dachte, und ist gar nicht so leicht gewesen. Ich blicke in den Spiegel und streiche über meine glatte Haut, auf der sich vor einer Stunde noch »Babyflaum« befunden hat. Es fühlt sich ungewohnt an, aber ich liebe das Ergebnis und bin froh, dass Gazelle mir geholfen hat. Strahlend wende ich mich ihr zu, gebe ihr einen Kuss und bedanke mich. Gemeinsam mit Sophia sichten wir das entstandene Videomaterial, und ich freue mich jetzt schon über diese wunderschöne Momentaufnahme für mein visuelles Tagebuch.

An manchen Tagen liebe ich meinen Bart, an anderen mein glattrasiertes Gesicht. Genauso gibt es Tage, an denen mein rasiertes oder auch mein unrasiertes Gesicht Dysphorie in mir auslöst. Was mir an meinem Körper gefällt und womit ich mich gut fühle, ist oft tagesformabhängig. Es kann, darf und wird sich wahrscheinlich ändern. Wichtig ist, dass ich immer selbst und aus mir heraus entscheiden kann, was ich mache: Ob ich mich nun rasiere oder nicht – shave it or not: Das ist meine Entscheidung.

WAS ICH AN MIR MAG

Was sind drei Dinge, die ihr an euch mögt?

GIALU:

Meine Augen, meine Ehrlichkeit und meine witzigen Tanzeinlagen nachts um halb zwei, wenn Gazelle schon kurz vorm Schlafen ist.

GAZELLE:

Meine Schlagfertigkeit, meine Arme und wenn ich Gialu und mich mit meinem Humor zum Lachen bringe.

UND WAS MAGST DU AN DIR?

Wovon träumt ihr?

GIALU:

Irgendwann mal einen eigenen Lebenshof mit geretteten Tieren zu haben – und mindestens vier Hunde.

GAZELLE:

Dass es für immer neue Pokémon und Pokémonspiele geben wird, weil ich davon einfach niemals genug bekommen werde!

UND WOVON TRÄUMST DU?

GAZELLE

RIP HERRENTOILETTE

CN: Queerfeindliche Aussagen und Gewalt

Kennt ihr das? Der Tag ist ach so langweilig – doch dann, von jetzt auf gleich, am besten noch unterwegs oder in öffentlichen Gebäuden (Ironie), gibt euch der Körper zu verstehen: Ihr müsst mal ganz dringend wohin. Den Kaffee wegbringen, für Königstiger*innen – oder einfach mal aufs Klo. Wir gehen so oft zur Toilette, dass dieser Prozess für uns total selbstverständlich ist. Wenn wir die nächstgelegene Option gefunden haben, schauen wir automatisch auf die Symbole an den Türen, besonders bei öffentlichen Toiletten: Ist da eine Figur mit Rock oder ohne? Steht da »Herren« oder »Damen« oder, je nach Antiquität des Etablissements, pinkelt das Bronzefigürchen an der Tür im Sitzen oder im Stehen? Wir treffen eine schnelle, intuitive, eigentlich ansozialisierte Entscheidung und gehen unserem menschlichen Grundbedürfnis nach. Ahh! Diese Erleichterung! Ein großartiges Gefühl, oder? Wie schnell so'n Kaffee durchläuft! Und wehe, wir müssen anstehen. Oder es spricht uns jemand von der Seite an, hält uns auf. Wenn der Harndrang erstmal eingesetzt hat, ist die körperliche Spannung so groß, dass wir mitunter zu etwas größeren Königstiger*innen mutieren.

RARRRR!

Dieses »wir«, von dem ich spreche, gilt jedoch nicht für alle Menschen. Zum Beispiel nicht für mich. Jahrelang habe ich zwar genau diesen intuitiven Prozess durchlaufen – auch wenn ich mich dabei insgeheim nie wohlgefühlt habe –, doch dann bemerkte ich, dass etwas falsch ist. Ich erkannte meine wahre »Toiletten-Identität« (Sark.) und wusste: Ich möchte die Kabine wechseln.

Aber ab wann »darf« man eigentlich die Toilette wechseln? Nur weil *ich* erkannt habe, dass ich eine Frau bin, kann ich sicherlich nicht gleich auf die Frauentoilette, oder? Für mich lief das lange Zeit so ab: Der Harndrang setzte ein, die Anspannung stieg, die Laune ging steil nach unten. Mit gesenktem Kopf suchte ich die nächstgelegene Toilette auf und musste mal wieder eine sehr bewusste und tagesformabhängige Entscheidung treffen. Diese Extra-Sekunden, während ich eigentlich dringend musste, raubten mir den letzten Nerv. Zu Beginn meiner Transition und meines Coming-outs als trans Frau wurde ich noch lange Zeit als Mann gelesen. Deswegen fühlte ich mich unwohl, auf die Frauentoilette zu gehen. Und weil es damals wie heute immer noch viel zu selten gender-neutrale oder Unisex-Klos gibt, nutzte ich weiterhin das Männerklo.

BIS ZU DIESEM EINEN TAG.

Ich war mit einem Freund zum Shoppen in einer Mall mitten in Berlin. Wir kauften schöne Kleidung und setzten uns dann für einen späten Lunch in die Food Corner. Und ich bemerkte, ich musste mal. An diesem Tag trug ich Make-up und »Frauenkleidung«, aber hatte auch noch ein klein wenig Bart übrig und fühlte mich damit nicht so wirklich wohl und nicht wie ich selbst. Mein Gedanke war: Wenn ich jetzt auf die Frauentoilette gehe, sehen alle, dass ich fake bin und dass ich dort nicht hingehöre. Ich hatte Angst vor Konfrontation und dachte daran, wie schrecklich es sich anfühlen würde, wenn die Person, die vor den Toiletten steht und für Sauberkeit und Ordnung sorgt, mich zurechtweisen würde: »Junger Mann, das ist die Damentoilette, hier sind Sie falsch.« Darauf hatte ich keine Lust. Also gab ich auf – und ging auf die Herrentoilette. Gleich beim ersten Schritt fühlte ich mich unwohl. Und falsch. Ich war nicht mal an den Waschbecken im vorderen Bereich vorbei, da kamen mir drei Teenager entgegen, die sofort die Gesichter verzogen, als sie mich sahen. »Ey, Schwuchtel«, riefen sie, und »Gay!

Gay! Gay!«, dabei lachten sie übertrieben gehässig. Ich verschwand schnell in eine Kabine, aber merkte, dass sie mich verfolgten. Sie hämmerten mit den Fäusten gegen die Tür und beleidigten mich weiter. Ich saß auf der Toilette und hoffte, dass die Tür nicht nachgibt, dass ich dort sicher vor ihren Schlägen war. Ich traute mich kaum zu atmen, setzte mich auf den geschlossenen Klodeckel und presste meine Hände gegen die Kabinenwände, bis es vorbei war. Zum Glück gaben sie nach kurzer Zeit auf. Ich zitterte am ganzen Körper, löste langsam meine Arme, und als ich mir sicher war, dass die Luft rein ist, lief ich zurück zu meinem Freund. Noch mittendrin in dieser Angst und Wut beschloss ich, ein Video für TikTok aufzunehmen. Ich schilderte alles, was gerade passiert war und erklärte, was mich daran so wütend machte: »An alle, die kleine Jungs zu Hause haben: Erzieht die mal vernünftig, okay? Denn es ist nicht unsere Aufgabe, neue Klos zu bauen und Safer Spaces zu schaffen, wenn das eigentliche Problem ist, dass die Jungs und Männer einfach nur scheiße erzogen sind.« Die TikTok-Caption: *RIP Herrentoilette*.

Die Resonanz war überwältigend. Viele Follower*innen drückten ihr Mitgefühl aus. Einige erzählten, was sie taten, um ihre Kinder offener und toleranter zu erziehen. Eines berührte mich besonders: Die Masse weiblich gelesener User*innen, die mir schrieben: »Girl, komm zu uns auf die Frauentoilette. Da gehörst du hin!« Auch wenn ich diese Menschen alle nicht persönlich kannte und obwohl sie natürlich nicht stellvertretend für alle Frauen auf der Welt sprechen konnten: Das war genau die Einladung, die ich dringend gebraucht hatte.

Bis zum heutigen Tag gehe ich mit gemischten Gefühlen auf die Frauentoilette, weil es erstens noch immer ungewohnt ist und ich zweitens Angst habe, dass mich jeden Moment jemand »erwischen«, mir meine Identität als trans Frau aberkennen und mich wieder zu den Männern schicken könnte. Das wäre für mich eines der schlimmsten Szenarien, die ich mir vorstellen kann. Und jedes Mal ist die Erleichterung, wenn ich mal wieder dringend aufs Klo muss und ohne Konfrontation oder seltsame Blicke die Frauentoilette benutzen kann, um meinen Kaffee wegzubringen, das Größte für mich.

LASS DIR DIE ZEIT, DIE DU BRAUCHST – TIPPS FÜRS COMING-OUT

Gazelle und Gialu, ich möchte vor meiner Familie mein Coming-out als trans Frau haben, aber ich weiß einfach noch nicht, wie ich das machen soll. Habt ihr Tipps für mich?

GIALU:

Hey du, lass dir auf jeden Fall alle Zeit, die du brauchst. Ich empfehle allen, die ihr Coming-out haben wollen, vorher herauszufinden, wie die Familie auf Queer- und Transness reagiert – indem du ihnen zum Beispiel Artikel oder Videos von trans* Personen zeigst. Leider ist dies keinesfalls eine Garantie für ein sicheres Coming-out. Es kann trotzdem unangenehm oder sogar gefährlich für dich werden. Wenn du merkst, dass deine Familie sehr transfeindlich reagiert, solltest du vor allem auf deine eigene Sicherheit achten und dich vielleicht nicht outen. Zeigt sich jedoch, dass sie gut damit umgeht, kann es viele Wege geben, ein Coming-out zu haben: per Telefon, Chatnachricht, Brief oder in einem persönlichen Gespräch. Neulich habe ich ein Video gesehen, in dem eine Person einen Kuchen für die Familie gebacken hatte, und als er angeschnitten wurde, war die Regenbogenflagge zu sehen – das war das Coming-out der Person. Am wichtigsten ist, dass du dich möglichst wohl fühlst. Ich persönlich hab mich damals für eine WhatsApp-Nachricht entschieden, da ich so genug Zeit hatte, alles in Ruhe zu formulieren, und meine Familie konnte die Nachricht erstmal verarbeiten, bevor sie mir darauf antwortete.

GAZELLE:

Mach dir bewusst, dass dein Umfeld höchstwahrscheinlich etwas Zeit brauchen wird, um die Veränderung zu verstehen und umzusetzen. Sicherlich werden auch Fehler gemacht – die meisten (vermutlich und hoffentlich) komplett unabsichtlich, das macht sie aber nicht weniger queerfeindlich oder schmerzhaft für dich. Das kann eine anstrengende Phase sein. Schau unbedingt auch auf dich selbst: Wenn du das brauchst, ist es okay und wichtig, von Menschen aus deinem Umfeld erstmal Abstand zu nehmen, bis die Veränderung emotional verarbeitet ist. Bis du das Gefühl hast, dass sie an sich und ihrer Queerfeindlichkeit arbeiten und du dich wohl genug in ihrer Gegenwart fühlst, um mit ihnen zu sprechen.

GIALU

IMMER SCHON ICH

CN: Transfeindliche Aussagen

Während Gazelle neben mir einen Mittagsschlaf macht und leise vor sich hin atmet, starre ich auf dieses Kapitel: »Coming-out.« Ich weiß nicht, wo ich anfangen und aufhören soll. Vielleicht wäre es naheliegend, über den Moment zu schreiben, in dem mir klar wurde, dass ich nicht-binär bin, oder wann ich es zum ersten Mal ausgesprochen habe. Ich wünschte, es fiele mir so einfach. Aber wo fange ich wirklich an? Erzähle ich von dem Moment, als ich zum ersten Mal das Gefühl hatte, kein Mädchen zu sein? Oder vom ersten Mal, als ich mich in ein Mädchen verliebte? Oder vielleicht, wie ich bestimmte Gedanken jahrelang verdrängte? Erzähle ich von all den Momenten, in denen ich unsicher war und einfach kein passendes Label fand? Es gibt so viel zu erzählen, also fange ich einfach mal an.

Als Kind lernte ich: Entweder bist du eine Frau oder ein Mann. Bevor ich weitermache: Das stimmt nicht, denn Biologie und Identität sind weitaus komplexer. Aber das lernte ich erst in meinen Zwanzigern. Wenn meine Freund*innen und ich unsere Lieblingsgeschichten nachspielten, identifizierte ich mich oft mit den männlichen Charakteren. Bei *Winx* wollte ich meistens Sky spielen, doch auch Bloom mochte ich. Oft dachte ich, wie toll es wäre, als Junge geboren zu sein – vielleicht hätte ich ja im nächsten Leben so viel Glück. Dieses Leben musste ich eben als Mädchen leben. Doch wollte ich wirklich ein Junge sein? Zumindest um einiges lieber als ein Mädchen. Ich hatte das Gefühl, diese Gedanken mit niemandem teilen zu können. Es schien mir keine Option zu sein, das Geschlecht zu »wechseln« oder weder Mann noch Frau zu sein. Also schämte ich mich für meine Bedürfnisse, meine Gefühle und Gedanken und versteckte sie tief in mir. Warum weiter darüber nachdenken, wenn es diese Option scheinbar eh nicht gab? Und wie auch über etwas nachdenken, das anscheinend nicht existiert? Ich war nun mal ein Mädchen, und vielleicht fühlten sich alle Mädchen so wie ich. Als ich mit ungefähr 13 zum ersten Mal bewusst von trans* Personen hörte, wurden sie extrem stigmatisiert dargestellt. Bis ich 18 war, hatte ich vielleicht zwei trans* Personen in Zeitschriften oder im Fernsehen gesehen. Im echten Leben traf ich erst mit 21 eine trans* Person, die offen mit mir über ihre Identität sprach. Trans* Personen faszinierten mich von Anfang an und gaben mir einen Hoffnungsschimmer. Es war also doch möglich, das Geschlecht zu ändern? Es könnte also doch möglich sein, mehr ich selbst zu sein, so, wie ich es mir vorstellte?

Als ich in meinen Teenie-Jahren mit meinem Umfeld darüber sprach, wurde mir erklärt, dass trans* Personen nur versuchen würden, etwas zu sein – ein Mann, der eine Frau sein will oder umgekehrt. Solche Menschen könnten einem nur leid tun, weil sie wohl nie glücklich in ihrem Körper sein würden, und wirklich schön seien sie ja auch nicht. Sie würden außerdem diskriminiert und ausgegrenzt. Die Art, wie über trans* Menschen gesprochen wurde, war eindeutig: Sie seien seltsam und *anders*. Und damit verschwand mein Hoffnungsschimmer. Über die Jahre versuchte ich zu akzeptieren, ein Mädchen zu sein. Schließlich war ich schon bi – ich wollte nicht auch noch trans* sein. Nein, ich war nicht trans*. »Ganz wie ein Junge« wollte ich ja auch nicht sein. Frustriert schlug ich die Hand ins Kissen und weinte. Warum ich? Warum konnte ich nicht einfach »normal« sein, meine Familie nicht enttäuschen und dazugehören? Im Internet suchte ich nach Möglichkeiten, das Land zu verlassen – irgendwohin, wo mich niemand kannte, wo ich meine Haare abschneiden und einfach »ich« sein konnte, ohne jemanden zu enttäuschen. Ein Leben als »ich«.

Im Corona-Lockdown 2020 lud ich TikTok herunter, und der Algorithmus erkannte schnell, wonach ich suchte: eine queere Community. Plötzlich waren da lauter Menschen, die ihre Geschichte erzählten, und ich fühlte mich so gesehen wie nie zuvor. Meine damalige Freundin und ich verbrachten viel Zeit auf der App. Irgendwann stießen wir auf Videos von trans Männern und Frauen, was mich in eine enorme

> ***»Also nahm ich all meinen Mut zusammen und teilte zum ersten Mal, was ich tief in mir verborgen hatte.«***

Gedankenspirale brachte. Meine Freundin sprach so offen über das Thema, dass ich das Gefühl hatte, mich ihr anvertrauen zu können. Also nahm ich all meinen Mut zusammen und teilte zum ersten Mal, was ich tief in mir verborgen hatte: »Ich hab mir auch schon mal Gedanken darüber gemacht, ob ich vielleicht ein trans Mann sein könnte. Aber irgendwie fühlt sich das auch nicht ganz richtig an.« Sie war so verständnisvoll, meinte, ich solle mir alle Zeit nehmen, die ich brauche, und unterstützte mich, so gut sie konnte. Ich schämte mich, doch ich war auch erleichtert – es fühlte sich an, als hätte ich etwas zugelassen, was ich tief verdrängt hatte. Es gab kein Zurück mehr. Endlich hatte ich es ausgesprochen und mir selbst ein bisschen eingestanden. Ich verbrachte immer mehr Zeit damit, mir Coming-out-Geschichten und die Lebensrealitäten von trans* Personen anzuhören. Denn auf einmal war da zwar noch eine Menge Angst, doch auch ein Hoffnungsschimmer. Ich lernte so viel über trans* Personen – und vor allem lernte ich es *von* ihnen. Ich verstand, dass all die stigmatisierenden Aussagen, die mir mein Umfeld beigebracht hatte, nicht der Wahrheit entsprachen. Außerdem lernte ich, dass es schon immer trans* Personen gegeben hat. Das half mir enorm, große Teile meiner internalisierten Transfeindlichkeit abzubauen und immer mehr die Gedanken zuzulassen, die ich jahrelang versteckt und nicht richtig wahrgenommen hatte.

War ich also doch ein trans Mann? Die Vorstellung fühlte sich besser an, als eine Frau zu sein, aber dennoch nicht richtig. Zu diesem Zeitpunkt hatte ich mit niemandem außer meiner Freundin darüber gesprochen. Wir trennten uns, weil mich diese Identitätskrise zu sehr belastete, und ich wollte sie nicht in meine Abwärtsspirale ziehen. Ich dachte, ich müsse da allein durch und wollte niemandem zur Last fallen.

Während ich wieder einmal auf TikTok war, zeigte mir der Algorithmus das Video einer nicht-binären Person. Meine internalisierte Queerfeindlichkeit drang direkt durch, und so fragte ich mich, was das denn schon wieder sein sollte, jetzt reicht es aber auch mal mit den ganzen neuen Begriffen. Doch das Video ließ mich nicht los, und ich musste mir eingestehen: Diese Person sah so aus, wie ich in meinen Träumen auch aussehen wollte – androgyn, und ich war mir nicht sicher, ob die Person ein Mann oder eine Frau war. Also googelte ich den Begriff und fand heraus, dass nicht-binär zu sein bedeutet, sich weder ausschließlich als Mann noch als Frau zu identifizieren. Es umfasst ein ganzes Spektrum an Identitäten, zum Beispiel agender, bigender und genderfluid. Manche nicht-binäre Personen nutzen auch den Begriff trans* für sich. Viele, jedoch nicht alle nicht-binären Personen präsentieren sich »androgyn« und nutzen geschlechtsneutrale Pronomen wie they/them.

Überforderung. Erleichterung. Neugier. Angst. Vieles von dem, was ich las, hatte ich noch nie zuvor gehört. Bedeutete das, dass es da draußen noch mehr Menschen gab, die sich so fühlten wie ich? »Nein, das kann nicht sein, ich bin doch eine Frau.« Doch egal, wie sehr ich es mir einzureden versuchte, es ging nicht mehr. Jetzt wusste ich, dass es einen Begriff für meine Gefühle und Empfindungen zu mir selbst gab. Ich musste nicht erst in ein anderes Universum reisen, um Zugehörigkeit zu finden – es gab sie hier. Zurück auf TikTok öffnete ich die Kommentarspalte und sah, dass nicht-binäre Menschen in dieser Gesellschaft diskriminiert werden. Alles, was die Person im Video tat, war, sie selbst zu sein, doch die Kommentare reichten von: »Du bist seltsam« und »Das bildest du dir nur ein, nicht-binär gibt es nicht« über »Deine Familie schämt sich für dich« bis zu schrecklichen Aufforderungen, sich Gewalt anzutun. War er wieder weg, der Hoffnungsschimmer? Ich versuchte mir einzureden, nicht so zu sein wie die Person im Video. Doch ich musste ehrlich zu mir sein: Ich war so wie sie, ich wollte nur nicht so behandelt werden.

WAS BEDEUTETE DAS ALLES?

Hatte ich endlich einen Begriff für mich gefunden? Bedeutete das, dass ich nie mehr geliebt werden würde? Dass ich eine Enttäuschung für meine Familie war? Würde die Welt mich bemitleiden und hassen? Zum Glück fand ich weitere

trans* und nicht-binäre Person, die online offen und ehrlich über ihr Leben sprachen. Vor allem trans* und nicht-binäre Personen of Color berichteten von struktureller Diskriminierung. Die Probleme waren real. Doch zum ersten Mal sah ich trans* und nicht-binäre Personen, die sich in ihren Körpern wohlfühlten und sie als schön empfanden. Ich sah sie in glücklichen Beziehungen und auf individuellen Wegen. Ich lernte dort zum ersten Mal: Du bist richtig, wie du bist, und dein individueller Weg ist dein eigener. Mir wurde bewusst: Es würde nicht leicht werden, doch es war möglich, und das reichte mir. So saß ich in meinem Studi-Zimmer in Hamburg, die Sonne strahlte durch die Fensterscheiben, und ich sprach es zum ersten Mal laut aus: »Ich bin nicht-binär.«

Mittlerweile, vier Jahre später, sitze ich auf meinem Bett in unserer gemütlichen Wohnung in Berlin und schreibe dieses Kapitel. Wie oft ich mich in Bezug auf meine Identität outen musste – sei es vor meiner Familie und meinen Freund*innen, im beruflichen Kontext oder bei Ausweiskontrollen (im Zug, Hotel, Flughafen) – lässt sich nicht mehr zählen. Wahrscheinlich wird das nie aufhören. Es wird zwar leichter, doch es bleibt anstrengend, nicht zu wissen, wie mein Gegenüber reagieren wird. Oft kommt das Gefühl hoch, *anders* zu sein und nicht dazuzugehören. Und immer wieder hinterfrage ich, warum ich bestimmte Dinge mache und andere nicht, oder warum ich etwas schön finde: Bin das wirklich ich, oder ist es der Einfluss meines Umfelds? Die verletzenden Glaubenssätze aus meinem Kopf zu entfernen und neue, bestärkende Glaubenssätze voller Selbstliebe zu pflanzen, dauert Jahre. Mittlerweile kann ich an vielen Tagen in den Spiegel schauen und mir selbst sagen, dass ich mich so liebe, wie ich bin – darauf bin ich unglaublich stolz. Es war ein langer Weg, aber immer noch gibt es auch Tage, an denen ich mich im Bett verkrieche, weine und frustriert bin und Gazelle frage, warum ich so anders sein muss. Warum ich nicht einfach eine neurotypische cishetero Person sein kann und vor allem: Warum die Gesellschaft mich nicht einfach so akzeptiert, wie ich bin.

Gazelle wacht neben mir auf – also schreibe ich dieses Kapitel lieber schnell zu Ende. In unserem Haushalt bin ich fürs Essen zuständig, und wenn Gazelle nicht rechtzeitig Abendessen kriegt, dann – puh, lieber nicht drüber nachdenken (Ironie). Genauso, wie es tausend Anfänge für dieses Kapitel gibt, gibt es auch tausend mögliche Enden – und noch so viel mehr zu erzählen. Aber belassen wir es für jetzt hierbei: Ich bin ich, und das kann ich nicht ändern, und es ist auch keine Entscheidung. Eine Entscheidung ist es jedoch, wie ich mit meinen Mitmenschen und mir selbst umgehe. Ich versuche es mit Akzeptanz, Empathie, Verständnis und Liebe.

GIALU:

Oft hatte ich das Gefühl, dass meine Eltern nicht wahrhaben wollten oder Angst davor hatten, dass ich queer bin. Das zeigte sich in Sätzen wie »Das ist doch nur eine Phase«. Ich denke, sie hatten Angst, dass ihr Kind in dieser querfeindlichen Welt verletzt werden könnte, aber da war sicher auch ganz viel internalisierte Queerfeindlichkeit im Spiel. Die Sache ist nur: Queer zu sein, ist keine Entscheidung. Niemand auf der Welt, auch nicht meine Familie, kann mich »nicht-queer« machen – aber wir können alle gemeinsam dafür arbeiten, die Welt zu einem queerfreundlicheren Ort zu machen, an dem wir alle »wir selbst« sein können, ohne diskriminiert zu werden.

GAZELLE

THE PAIN IS REAL

»Autsch!« Himmel, tut das weh. Gialu und ich sitzen auf dem Balkon, und es ist mal wieder Zeit für den täglichen Griff zur Pinzette. »Vierzig, okay?«, fragt Gialu. »Zwanzig!« Ich sehe ihn empört an. »Fünfundzwanzig?«, Gialu versucht es mit einem Dackelblick. »Nein, zwanzig. Hör auf zu verhandeln, sonst machen wir nur zehn.« »Ooookay«, sagt Gialu etwas enttäuscht und macht sich ans Werk. Fast jeden Morgen nach dem Frühstück zupft Gialu mir die Haare aus dem Gesicht – und feilscht dabei um die Anzahl. Ihm macht es deutlich mehr Spaß als mir. Das Zupfen tut mir echt weh, ein unangenehmes Gefühl. Trotzdem mag ich, dass es Gialu Freude bereitet, und natürlich will ich diese elenden Haare loswerden.

Das Thema Gesichtsbehaarung ist schon immer für mich ein einziges Geduldspiel gewesen. Bevor ich entschied, meinen Bart permanent weglasern zu lassen, hatte ich mir ein Dreivierteljahr Bedenkzeit genommen. Ich war unsicher: Ging es mir darum, jünger auszusehen, oder wollte ich den Bart wirklich loswerden? Ich hatte noch nicht mit der Hormonersatztherapie begonnen und war mir bezüglich meiner Identität noch nicht zu einhundert Prozent sicher. Aber eines war klar: Der Bart musste weg. Auf Empfehlung besuchte ich eine private Schönheitsklinik in Mitte und ließ mich beraten. Bei meinem Haarwachstum sollten etwa dreizehn Sitzungen nötig sein, jeweils mit vier bis sechs Wochen Abstand. Das bedeutete ein Commitment von über einem Jahr. Bei der ersten Behandlung legte ich mich auf die Liege, die Behandlerin kam mit einem Stift zu mir. »Also diese Region, ja?«, fragte sie, während sie den Bartbereich mit dem Stift locker umriss – vor allem Oberlippe und Kinn, aber auch die Kieferregion und Hals. »Ich creme den Bereich jetzt ein. Das ist so ähnlich wie die Ultraschallcreme bei schwangeren Personen, es kühlt die Haut.« Großzügig trug sie die Lotion auf, die sich klebrig, aber angenehm kühl anfühlte. Dann setzte sie mir eine Schutzbrille auf. »Am besten schließen Sie einfach die Augen. Ich mache langsam, und wenn Sie eine Pause brauchen, sagen Sie Bescheid.« Der Laser berührte meine Haut, und der erste Schuss wurde abgefeuert. Ein brennender Stich durchzog meine Haut, als würde ein heißes Messer hineingebohrt. Davon gab es vermutlich zwanzig bis fünfzig, aber gefühlt waren es hunderte brennende Stiche auf meiner empfindlichen Gesichtshaut. Die Oberlippe war der schlimmste Bereich, den wir bis zum Schluss aufsparten. »Geht es noch?«, fragte die Behandlerin, und ich war dankbar für ihre gute Kommunikation. Sie gab mir regelmäßig Updates und erinnerte mich daran, das Atmen nicht zu vergessen. »Im Gesicht ist es besonders unangenehm. Möchten Sie einen Stressball?« Ich nahm das Angebot an, denn meine schweißnassen Hände brauchten etwas zu tun.

»So, geschafft! Gehen Sie ins Bad und waschen Sie sich die Creme mit kaltem Wasser ab.« Leicht benommen tapste ich zur Toilette und schaute in den Spiegel: Mein ganzes unteres Gesicht war rot und brannte. Ich kühlte die Haut mit Wasser und wusch die restliche Lotion ab. Als ich noch einmal hinsah, war der Bart immer noch da – nichts hatte sich verändert. Alles war nur rot. Ich wollte weinen. All dieser Schmerz, und kein sichtbarer Erfolg?

WAR ES DAS WIRKLICH WERT?

»Die Haare sind jetzt in ihren Wurzeln gelöst«, erklärte mir die Behandlerin später. »In ein bis zwei Wochen fallen sie aus.« – Und sie behielt recht. Die Prozedur verlief über ein Jahr genau so: Ich ging zur Behandlung, die extrem schmerzhaft war, und ein bis zwei Wochen lang war mein Gesicht sehr empfindlich. Die eingebrannten Haare klebten auf meiner Haut – selbst Rasieren half nicht –, bis sie plötzlich über Nacht ausfielen. Für zwei Wochen war das Ergebnis sichtbar, dann kamen die Haare zurück. Mit jeder Sitzung wurden es weniger, doch meine Dysphorie wuchs. Ich wollte, dass die Haare endlich verschwanden, aber der

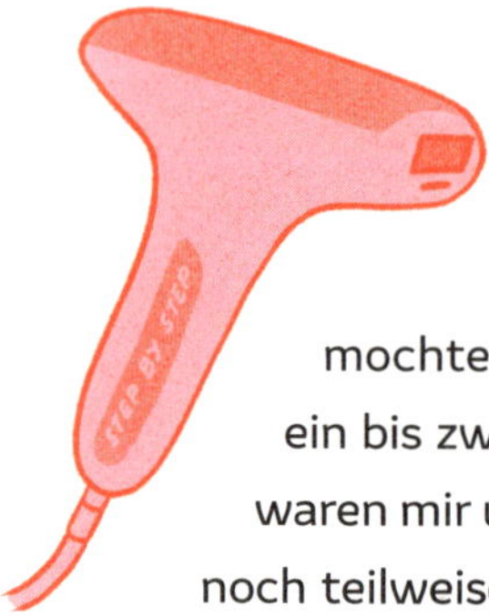

Prozess war zäh und schmerzhaft. Ich wusste jetzt, dass ich diesen Schritt unbedingt wollte, denn ohne Haare mochte ich mein Gesicht immer mehr. Doch die ein bis zwei Wochen klebenden, verbrannten Haare waren mir unendlich peinlich. Zum Glück galt damals noch teilweise Maskenpflicht, sodass ich mein Gesicht verstecken konnte.

Erst im folgenden Frühjahr war das Ergebnis nahezu permanent. Auf TikTok postete ich ein Video, in dem ich die monatliche Entwicklung dokumentierte. Das Resultat war großartig, ich war stolz und fühlte mich endlich wohl mit meiner weichen, nahezu haarfreien Gesichtshaut. Bei einer Shopping-Tour auf dem Ku'damm ließ ich mich in der Drogerie zu Blush beraten. Die Mitarbeiter*in trug das Produkt gezielt auf meine Wange auf und strich sanft über mein unteres Gesicht. »Also entweder hattest du nie Bartwuchs, oder du hast ihn weglasern lassen«, sagte sie. Zwar hätte ich das nicht direkt preisgeben wollen, aber ich freute mich sehr darüber, dass der Effekt nicht nur für mich, sondern nun auch für andere Menschen sichtbar war.

In einer der letzten Sitzungen erklärte mir die Behandlerin, dass nur die dunklen Haare weggelasert werden können, was bedeutet, dass kleine weiße Härchen in der Bartregion bleiben würden. »Die können wir beim Waxing entfernen, wenn Sie möchten. Das machen wir auch.« Enttäuscht schlurfte ich nach Hause. Klar, die Härchen waren kaum zu sehen, aber ich wollte einfach komplett haarfrei sein. Ich wollte die Gender-Euphorie spüren.

WAR DAS DENN SO VIEL VERLANGT?

Als ich Gialu von meiner Situation erzählte, schaffte Gialu es, mich zu beruhigen: »Es gibt doch auch so viele Frauen mit Haaren im Gesicht, oder mit Oberlippenbärtchen. Das ist völlig normal. Ein Bart macht dich nicht weniger zur Frau«, erklärte er mir. Das hatte ich nie bedacht, und es erleichterte mich. »Ich kann dir die weißen Haare auch zupfen, wenn du magst.«

Die Barthaarentfernung war schmerzhafter als jedes Tattoo, das ich je bekommen hatte, aber ich bin stolz und froh, den Bart losgeworden zu sein. Ich schätze auch unsere kleine intime Routine auf dem Balkon, bei der Gialu mir die letzten Haare mit der Pinzette entfernt. Manchmal steht Gialu über mir wie die Behandlerin in der Schönheitsklinik, und mir wird etwas flau im Magen. »Aber nicht zu viel fummeln«, sage ich dann. »Nur die Haare, die gut rausgehen.« »Ja, ich weiß«, sagt Gialu sanft und beginnt zu zählen. »Autsch!« »Sehr gut, Gazelle, durchhalten! Nur noch neun, dann hast du's für heute geschafft.«

WARUM BRAUCHEN WIR DIESE GANZEN LABELS EIGENTLICH?

Oh, das mit den Labels find ich so kompliziert! Warum muss es da so viele geben?

GAZELLE:

Kann ich verstehen – aber Labels sind wichtig, denn sie können Menschen helfen, sich selbst besser zu verstehen, sich weniger allein und damit verstanden zu fühlen.

GIALU:

Solange wir in einer Gesellschaft leben, die alles in Kategorien einteilt, braucht es einfach auch so viele Kategorien, dass sich alle Menschen in einer davon wiederfinden können. Es ist aber auch okay, einfach keine davon nutzen zu wollen.

Aber mein Kumpel meinte letztens, er will kein spezielles Label für sich nutzen, sondern sagt einfach, dass er queer ist.

GIALU:

Es ist auch voll okay, kein spezifisches Label – wie zum Beispiel bi, lesbisch oder schwul – für sich nutzen zu wollen. In Bezug auf meine Sexualität sage ich oft einfach nur noch, dass ich queer bin. Streng genommen ist queer auch schon ein Label für sich.

GAZELLE:

Das ist aber natürlich keine Legitimierung, andere Labels nicht ernst zu nehmen.

Aber das kann doch niemand von mir erwarten, all diese Labels zu kennen, oder?

GIALU:

Das stimmt. Wir kennen mit Sicherheit auch nicht alle. Es geht eher darum, anzuerkennen, dass Labels für Menschen wichtig sein können, und sie zu respektieren.

Okay, das ergibt Sinn. Und wenn ich eine Person kennenlerne, die ein Label nutzt, das ich noch nicht kenne, dann kann ich mich ja einfach kurz einlesen. Danke euch!

GIALU

VON SOMMERKLEID BIS ABENDKLEID

»Ich glaub, du wirst mich heute nicht attraktiv finden, weil ich meine feminine Energie total fühle und auch zeigen werde …« Mein Herz rast, als ich die Nachricht an Gazelle absende. Es ist April 2023, und ich habe entschieden, zum ersten Mal seit Jahren wieder ein Kleid und Make-up in der Öffentlichkeit zu tragen – und Gazelle wird mich darin sehen. Sie kennt mich bisher nur in eher »maskulinen« Looks, und wir daten erst seit kurzem. Was, wenn sie meine »feminine« Seite nicht mag?

Wenn ich an Kleider denke, kommt mir sofort dieses eine weiße Sommerkleid in den Sinn, das ich sicher drei Sommer hintereinander trug. Es hatte breite, geflochtene Träger, war knielang und locker geschnitten. Mein absolutes Lieblingskleid. Wann immer ich es trug, fühlte ich mich besser, es gab mir ein Gefühl von Leichtigkeit und Selbstbewusstsein. Tatsächlich war ein Foto von mir in diesem Kleid sogar mein Facebook-Profilbild – und das bedeutete mir damals wirklich was. Als Kind dachte ich nicht viel darüber nach, ob die Kleidung, die ich trug, aus der »Mädchen«- oder »Jungen«-Abteilung stammte. Hauptsache, sie gefiel mir und fühlte sich gut auf meiner Haut an. Doch irgendwann änderte sich das. Mit 12 Jahren hörte ich Sprüche wie: »Zieh dich doch mal ein bisschen *weiblicher* an, und wenn du ein paar Kilo abnehmen würdest, sähe das noch besser aus.« Die ständigen Bemerkungen und das Mobbing machten mich immer unsicherer.

ICH WOLLTE NICHT WEITER AUFFALLEN UND VERSUCHTE, MICH ANZUPASSEN.

Immer mehr orientierte ich mich an den »coolen« Mädchen in der Schule, an denen in Zeitschriften oder Filmen. An denen, die beliebt waren, viele Friends hatten, geheime Zettelchen austauschten und zu Parties eingeladen wurden. Also trug ich Röcke, Blusen und Crop Tops – ausschließlich aus der Damenabteilung. Mit Si war ich zwar oft durch die Herrenabteilung gelaufen, wo wir kichernd sagten: »Oh man, es wäre mega, hier einzukaufen, die Klamotten sind einfach viel cooler!« Aber das war für uns ein No-Go. Stattdessen also Röcke, Blusen und enge Jeans, in denen ich mich meistens unwohl fühlte, doch ich hatte gelernt, das gehöre sich nun mal so als »anständiges Mädchen«. Ach, wie gerne würde ich zurück in diese Zeit reisen und Si und mir zurufen: »Cuties, ihr könnt einkaufen, wo immer ihr wollt. Kommt, ich lad euch auf eine Runde ein.« Dann würden wir durch die Herrenabteilung schlendern und uns coole Pieces aussuchen. Mein erstes Mal Shopping in der Herrenabteilung passierte erst, als ich ungefähr 19 war und in Hamburg studierte. Endlich lebte ich nicht mehr auf dem Dorf, sondern in der Großstadt. Hier hoffte ich, dass mich niemand verurteilen würde. Das gab mir das Gefühl, ein paar für mich neue Dinge ausprobieren zu wollen, mich zum Beispiel mehr so zu kleiden, wie ich wollte.

Trotzdem war da die Angst vor den Kommentaren. Und sie kamen: »Warum trägst du das? Das ist doch für Jungs?« Und: »Früher fand ich deinen Style besser« und »Zeig lieber wieder deine Kurven.« Solche Kommentare verletzten mich – und tun es auch heute noch. Ich wünschte, diese Menschen würden ihre ungefragte »Meinung« und sexistischen Aussagen einfach für sich behalten. Zum Glück fühlte ich mich a) so wohl in der Kleidung, dass mir die Kommentare egaler wurden, und b) unterstützten mich meine Freund*innen sehr. Sie machten mir Komplimente und gingen mit mir shoppen – endlich mit Si zusammen in der Herrenabteilung. Trotzdem hatte ich immer Herzklopfen, aus Sorge, dass mich gleich jemand ansprechen und fragen würde, was ich dort suchte, da die Person mich als Frau wahrnahm. Ich hatte Ausreden parat wie: »Ich suche ein Geschenk für meinen Freund«, weil ich mich damit sicherer fühlte, als einfach zu sagen: »Ich mag die Kleidung hier.«

In Hamburg wurde mein Style zunehmend »maskuliner«, zumindest nach gesellschaftlicher Definition. Kurz gesagt: Ich kaufte fast ausschließlich in der Herrenabteilung ein, als hätte ich das Bedürfnis, die ersten 18 Jahre meines Lebens auszugleichen. In Oversize-T-Shirts, Hoodies, kurzen Jogginghosen und locker sitzenden Jeans fühlte ich mich richtig wohl. Mit meinem Coming-out als nicht-binär wurden die Klamotten für mich auch ein Mittel, meine Identität auf meine persönliche Art und Weise auszudrücken.

An dieser Stelle möchte ich nochmal betonen: Kleidung hat kein Geschlecht. Nur weil eine Person bestimmte Dinge trägt, lässt sich daraus nicht auf ihre Geschlechtsidentität schließen. Menschen sollten tragen können, worin sie sich wohlfühlen, und Kleidung kann dabei helfen, die eigene Identität auszudrücken. Ein Crop Top kann für eine Person ein Gefühl von »Femininität« und für eine andere von »Maskulinität« hervorrufen – es gibt keine universelle Zuordnung. Es ist die Gesellschaft, die Kleidung in »für Männer« und »für Frauen« einteilt. Vielleicht wäre es sinnvoller, Kleidung nach Schnitt und Style einzuteilen statt nach Geschlecht.

Als ich ein paar Jahre später nach Berlin zog, hatte ich meinen Style umgestellt. Die meisten meiner alten Sachen gab

»Es ist die Gesellschaft, die Kleidung in ›für Männer‹ und ›für Frauen‹ einteilt.«

ich Freund*innen, verkaufte oder spendete sie. Zu diesem Zeitpunkt konnte ich endlich offener zu meiner Identität als nicht-binär stehen. In dieser Phase begann ich auch, als Model zu arbeiten und wurde für diverse Shootings geschminkt und gestylt. Meist trug ich dabei sehr männlich gelesene Kleidung, aber auch Make-up und femininer gelesene Stücke. Dabei hatte ich wenig Mitspracherecht, denn es ging darum, bestimmte Looks zu präsentieren – ich war eben als Model gebucht. Doch nach zwei Jahren, in denen ich wieder diese Art von Kleidung und Make-up trug, fühlte es sich irgendwie unangenehm an. Auch wenn ich mich auf den Fotos mochte, schwang immer die Angst mit, nicht als nicht-binäre Person, sondern als Frau wahrgenommen zu werden. Was bedeutete es für mich, dass ich mich selbst auf den Bildern mochte? Theoretisch wusste ich, dass Make-up und Kleidung für alle da sind, die sich darin wohlfühlen – doch in der Praxis fiel es mir schwer, diese Freiheit wirklich zu leben. Also machte ich alles in kleinen Schritten. Einerseits half es, mir immer wieder bewusst zu machen: Ich bin nicht mehr oder weniger nicht-binär, nur weil ich bestimmte Kleidung trage. Genauso wie ein Mann oder eine Frau nicht weniger Mann oder Frau sind, weil sie bestimmte Kleidung tragen. Andererseits begann ich, mich selbst zu hinterfragen: Was für Kleidung trage ich, und warum? Das tue ich bis heute. Ich versuche, auf mein Gefühl

»Ich versuche, auf mein Gefühl zu hören: Was möchte ich heute tragen? Worin fühle ich mich wohl und sicher?«

zu hören: Was möchte ich heute tragen? Worin fühle ich mich wohl und sicher? Und an diesem Apriltag 2023 möchte ich eben ein Kleid tragen – trotz der Angst, dass Gazelle mich als zu »feminin« wahrnehmen könnte. In früheren Beziehungen habe ich mit so etwas schon verletzende Erfahrungen gemacht. Immerhin weiß ich, dass die Veranstaltung, zu der wir gehen wollen, ein »sicherer« Ort ist, und ich habe ein Taxi organisiert, um mich auch auf dem Weg sicherer zu fühlen. Leider ist es nicht immer möglich, das zu tragen, was jemand tragen möchte, ohne das Risiko einzugehen, dafür beleidigt, ausgegrenzt und sogar angegriffen zu werden.

Und ich will mich auch vor potentiellen Beziehungspersonen nicht mehr verstecken, sondern lernen, zu mir zu stehen. Zögernd blicke ich auf mein Handy, um zu sehen, ob Gazelle schon geantwortet hat. Ihre Nachricht kommt prompt: »Love how little you think of me! Ziehst du das schwarze Kleid an?« Sie kennt das Kleid von Fotoshootings. »Ja, zum ersten Mal in der Öffentlichkeit«, antworte ich. Fast augenblicklich schreibt sie zurück: »Wir werden super zusammen aussehen.« – Und genau das tun wir dann auch.

Eine Frau ist nicht weniger Frau, nur weil sie einen Anzug trägt, und ein Mann ist nicht weniger Mann, nur weil er ein

Kleid trägt. Und genauso ist eine nicht-binäre Person nicht weniger nicht-binär, weil sie trägt, was auch immer sie gerade fühlt. Ich bin nicht-binär, und an den meisten Tagen fühle ich mich in lockerer Jeans und T-Shirt wohl und mag es, Gazelle im Anzug auszuführen. Und an anderen Tagen trage ich ein Kleid oder einen Rock mit Crop Top.

UND ICH LERNE, MICH IMMER MEHR IN ALL MEINEN FACETTEN ZU MÖGEN.

ALWAYS QUEER ENOUGH

Manche Leute sagen, ich sei nicht wirklich queer, weil ich noch nicht mein Coming-out hatte. Aber meine Familie ist super queerfeindlich, deswegen trau ich mich nicht! Haben diese Menschen also recht?

GAZELLE & GIALU:

Das tut uns leid, dass Menschen dir das sagen und dass du in einer Umgebung bist, in der du Angst hast, offen queer zu sein. Du bist auf jeden Fall queer, ob mit oder ohne Coming-out! Es ist voll verständlich, dass du Angst vor dem Coming-out hast. Deine eigene Sicherheit geht immer vor. Nur eine Person selbst kann sagen, ob sie queer ist oder nicht, und das ist immer komplett ausreichend. Ganz viel Kraft und Liebe an dich!

Ich bin mittlerweile 50 Jahre alt und folge Accounts wie euren jetzt schon eine ganze Weile. Endlich finde ich Worte für das, was ich mein ganzes Leben schon irgendwie gefühlt habe. Aber ist es jetzt nicht viel zu spät für ein Coming-out?

GAZELLE & GIALU:

Schön, das freut uns so sehr zu lesen! Danke, dass du das mit uns teilst. Es ist nie zu spät für ein Coming-out. Jeder Zeitpunkt ist genau der richtige dafür :) Wir wünschen dir nur das Beste und danken für deinen Support.

YOU ARE ALWAYS QUEER ENOUGH

GAZELLE

DO YOU WANNA BE MY GIRLFRIEND?

Als Teenager erlebte ich die Rollenverteilung in Filmen und Serien ziemlich eindeutig: Der Mann zahlt die Rechnung beim Date, der Mann macht der Frau den Antrag, der Mann überrascht die Frau mit einer super romantischen Idee – insgesamt hatte der Mann den Auftrag, die Frau schlichtweg aus den Socken zu hauen. Nein, keine Sorge: Dies ist nicht das Kapitel, in dem ich die patriarchalen Strukturen aufzeige, die in unseren Medien reproduziert werden. Aber es geht um Feminismus – und um Repräsentation.

Immer dachte ich: Wer will denn da der Mann sein, der alles machen muss? Ich möchte viel lieber diejenige sein, die mit Blumen überrascht wird. Ich will umgehauen werden von meinem Traumboy. Kurzum: Ich will diese Frau aus den Filmen sein! Lange Zeit lebte ich in schwulen Beziehungen und dachte, das sei meine eigene Antithese zu den überzogenen Hollywood-Romanzen. Schließlich sind in schwulen

Beziehungen ja beide Männer, also schienen mir diese typischen Beziehungsklischees überfällig. Da musste dann einfach intensiver diskutiert und verhandelt werden, wer wem den Antrag macht und wer bezahlt.

Nachdem ich erkannt hatte, dass ich eine trans Frau bin, wirkte dieser Dating-Traum wie eine entfernte Welt, die nicht für mich bestimmt war. Damals war ich noch keinen Schritt der körperlichen Transition gegangen. In dieser Phase ist es nicht unüblich, dass Menschen sich von Teilen ihres Körpers entfremdet fühlen. Ich empfand mich an den meisten Tagen als unschön, unsexy und damit auch nicht liebenswert. Erst als ich mit der Laserbehandlung zur Entfernung meines Bartes begann und die Hormonersatztherapie startete, fühlte ich mich wohler in meiner Haut und konnte mich selbstbewusster präsentieren. Mein Gesicht wurde weicher, mir wuchsen Brüste. Ich fühlte mich allmählich wieder mehr in meinem Körper zu Hause. Doch die Frage blieb: Machte mich das wirklich liebenswert? Zu dieser Zeit war ich so sehr mit meiner Selbstfindung beschäftigt, dass Dating keine große Rolle spielte. Stattdessen schaute ich romantische Filme auf Netflix und genoss die Ruhe. »Da müsste schon jemand kommen, der mich so von den Socken haut, dass es sich lohnt, meine Couch und Netflix aufzugeben«, dachte ich oft.

Dann traf ich Gialu. Gialu war bereits eine äußerst bekannte Person auf Social Media und erreichte ein Millionenpublikum.

Das fand ich beeindruckend. Aber was mich wirklich faszinierte, war Gialus Ausstrahlung. Gialu gab mir zu jedem Zeitpunkt das Gefühl, dass ich okay war. Gut so, wie ich bin. Entweder durch sein liebevolles, weiches Lächeln, oder durch seinen frechen, flirty Schlafzimmerblick, wenn er mich von oben bis unten musterte und mir dann ein aufmerksames Kompliment zu meinem Outfit machte. Wir kannten uns bereits seit einer Weile von verschiedenen Social-Media-Events, als wir im Frühling 2023 beschlossen, uns persönlicher kennenzulernen. Wir begannen, häufiger miteinander zu telefonieren, Spaziergänge zu machen – wir fingen an, uns zu daten. Plötzlich hatte ich wieder diese Schmetterlinge im Bauch. Ich war überwältigt, wie gut wir zusammenpassten und wie sehr wir uns ergänzten. Es war so erfrischend, jemanden zu haben, der die gleichen Werte teilte und mit dem ich über alles reden konnte – von Pokémon über veganes Essen bis hin zu Themen wie Gerechtigkeit, Gleichberechtigung und das trans*-Sein, das uns beide verband.

An einem Tag im Mai gingen wir zu Gialu nach Hause. Ich erwartete einen entspannten Abend, wie wir ihn häufig miteinander verbrachten: Gialu spielte Gitarre, kochte für uns und entschuldigte sich regelmäßig dafür, dass das Essen zu salzig sei, worauf ich immer antwortete: »Ist das Essen zu salzig, bist du verliebt!« Danach saßen wir stundenlang einfach am Tisch und redeten über die Welt, das Leben, unsere Ziele und Träume. Doch an diesem Abend war alles anders. Im Flur bat mich Gialu zu warten. Er schloss die Tür zum Wohnzimmer und ließ mich voller Spannung vor der Garderobe zurück. Nach ein paar Minuten durfte ich das Zimmer betreten. Überall brannten Kerzen, und auf dem Tisch stand ein großes gerahmtes Bild von uns sowie ein wunderschöner Blumenstrauß. Ich war überwältigt von der Mühe, die Gialu sich gemacht hatte, um diesen Raum so liebevoll für uns vorzubereiten. Dann griff Gialu in eine Tüte und zog eine kleine Box hervor. Die Zeit schien stehen zu bleiben. »Stopp«, dachte ich. »Das wird doch kein Antrag sein? Wir daten erst seit vier Wochen.« In diesen wenigen Sekunden, die mir wie eine Ewigkeit vorkamen, öffnete Gialu die Box und zog einen Ring mit einem pinken Stein hervor. Mit einem strahlenden Lächeln fragte er: »Do you wanna be my girlfriend?« – Willst du meine Freundin sein?

DIE TRÄNEN SCHOSSEN MIR IN DIE AUGEN.

Als 34-jährige geschiedene trans Frau wurde ich gefragt, ob ich jemandes *Freundin* sein möchte. Das hatte ich nicht mal zu träumen gewagt: Jemand arrangierte all die Dinge, die ich liebte – Kerzen, Blumen – und schenkte mir einen Ring. Endlich erlebte ich meine eigene Hollywood-Romanze.

Schlussendlich antwortete ich: »Muss ich mir überlegen.« Gialu stand die Enttäuschung ins Gesicht geschrieben, auch wenn er sich sportlich schlug und meine Reaktion entspannt aufnahm. Ich war in diesem Moment so gerührt, aber ich wollte es noch kurz überdenken. Klar, ich war für Gialu von meiner Couch aufgestanden und hatte mein Netflix-Abo quasi gekündigt. Ich war mir sicher, dass ich Hals über Kopf in Gialu verliebt war, aber musste ich deshalb gleich »Ja« sagen? Nein. Ich nahm zu diesem Zeitpunkt erst zwei Monate lang die Hormone und war gerade erst dabei, zu mir selbst zu finden. Sollte ich nicht lieber mehr Zeit alleine verbringen? Außerdem hatte Gialu gesagt, dass es denen wichtig sei, erstmal ein Wort für sich in unserer Beziehung zu finden. Zu diesem Zeitpunkt hatten wir das noch nicht geklärt. (»Enby Boyfriend« und »Beziehungsperson« wählte Gialu später für sich aus.) Und dann war da noch die Sache mit den Tieren: Gialu liebte Tiere über alles, während ich große Angst vor ihnen hatte. Sollte ich nicht erst daran arbeiten? Und der Altersunterschied von zehn Jahren – daran hatte ich in diesem Moment noch gar nicht gedacht. Konnte das überhaupt funktionieren? Konnte ich all diese Zweifel und Ängste überwinden? Dass man in solchen Momenten diese Fragen und Unsicherheiten hat, das zeigen sie in Hollywood natürlich nicht.

Ich musste an *Tick, Tick ... Boom!* mit Andrew Garfield denken, einen Film, den ich ein paar Tage zuvor nicht zu Ende geschaut hatte. Der Film war einfach nicht meins.

Ich konnte mich mit dem Hauptcharakter, Jon, nicht so richtig identifizieren. Aber eine Frage, die er im Film stellt, blieb hängen: »Are you letting yourself be led by fear or by love?« – »Lässt du dich von Angst leiten, oder von der Liebe?« In diesem Moment, in Gialus Wohnzimmer, fühlte es sich an, als würde das Leben mir genau diese Frage stellen. Und obwohl ich gerne noch eine Nacht darüber geschlafen hätte, entschied ich mich, meinen Gefühlen zu folgen – wie es sich für einen Hollywood-reifen Moment gehörte. Denn die waren eindeutig. Ich setzte mich zu Gialu auf die Couch, sah in deren nun schüchterne Augen und sagte: »Yes, I do.« – Ja, will ich.

Natürlich liefen mir die Tränen vor Rührung, weil Gialu mir diese besondere Frage gestellt hatte. Aber sie liefen auch, weil Gialu vor allem eines erreicht hatte: Ich fühlte mich liebenswert und voll und ganz angenommen als die Frau, die ich bin.

Übrigens ist mir in einer Beziehung eine Balance wichtig. Ich möchte nicht mit einer Person zusammen sein, die alles für mich zahlt oder ständig die typischen romantischen Gesten übernimmt. Beide können Blumen kaufen, beide dürfen Anträge machen, beide sollten die andere Person aus den Socken hauen dürfen. Hier gibt es weder feste Regeln noch Hierarchien. So auch bei Gialu und mir. Beziehungen sollten von den Menschen gestaltet werden, die sie führen, unabhängig von Geschlechterrollen.

T4T

GIALU

T4T BABY

Es ist ein warmer Tag Anfang Mai, und ich bin voll im Gefühlsrausch. Aufgewühlt greife ich zum Telefon und rufe mein Geschwister Teresa (sie/dey) an. Teresa und ich haben schon viele Phasen unserer geschwisterlichen Beziehung durchlebt. Als kleine Kinder verbrachten wir unzählige schöne und schwierige Momente miteinander, doch in der Jugend drifteten wir weit auseinander. Inzwischen haben wir wieder zusammengefunden. Teresa ist anderthalb Jahre jünger als ich und gehört zu den wenigen Menschen, denen ich wirklich so gut wie alles anvertraue. Wenn ich Rat brauche, frage ich Teresa zuerst, und Teresas Meinung bedeutet mir viel.

Teresa nimmt meinen Anruf entgegen, und ohne Umschweife sprudele ich los: »Teresa, meinst du, es ist zu früh, Gazelle mit einem Ring zu fragen, ob sie meine Freundin sein möchte?« Ich bin so nervös und aufgeregt, dass sich meine Worte überschlagen. »Wir daten erst seit einem Monat, aber wir kennen uns ja schon länger, und es fühlt sich ein-

fach so gut an. Ich will sie aber nicht unter Druck setzen. Was denkst du? Du hast uns ja auch schon zusammen erlebt. Soll ich oder lieber nicht?« Was Teresa nicht weiß: Den Ring habe ich längst gekauft. Teresa lächelt hörbar und sagt: »Oh Gialu, du bist echt süß. Also erstmal: Gazelle ist wirklich toll, und ihr beide seid super zusammen.« Diese Bestätigung ist schon mal erleichternd. »Wenn du das wirklich fühlst und es sich richtig anfühlt, dann solltest du sie auf jeden Fall fragen. Aber sei drauf vorbereitet, dass sie vielleicht nein sagt, weil es ihr zu schnell geht oder sie gerade keine Beziehung möchte. Hast du darüber schon nachgedacht? Wie würde es dir damit gehen?« Ohne zu zögern, antworte ich: »Ja, hab ich. Ich wünsch mir natürlich, dass sie ja sagt, aber das Wichtigste ist, dass es uns beiden gut geht. Ich will ehrlich zu meinen Gefühlen stehen, und wenn es nicht sein soll, dann ist das auch okay. Aber ich mag sie einfach so gern, finde sie so toll und will es unbedingt probieren. Ich hab extra einen Ring in Pink ausgesucht.«

ICH KANN NICHT AUFHÖREN ZU LÄCHELN BEIM GEDANKEN AN GAZELLE UND BLICKE AUF DEN RING IN MEINER HAND.

»Oh, du Cutiepie!«, ruft Teresa. »Do it! Hauptsache, du respektierst auch ihre Bedürfnisse. Ich bin für dich da, egal, wie es ausgeht.« Diese Worte machen mir Mut, und ich beschließe, dass heute der Tag ist, an dem ich Gazelle fragen werde.

Bevor Gazelle und ich anfingen zu daten, fühlte ich mich zum ersten Mal in meinem Leben wirklich glücklich als Single. Ich wollte auf keinen Fall eine feste romantische Beziehung. Ich hatte meine Ex-Beziehung endlich emotional überwunden und einen großen Schritt in Richtung Selbstliebe gemacht. Zum ersten Mal hatte ich nicht das Bedürfnis, eine romantische Beziehung zu führen, um Bestätigung zu erfahren. Mein eigenes Wohlbefinden und die zwischenmenschlichen Beziehungen zu den Menschen in meinem Leben standen im Vordergrund. Ich hatte nicht mehr das Bedürfnis, in einer Beziehung zu sein, und sogar Angst davor, dass sie mich in meiner neu gewonnenen Freiheit einschränken könnte. Von Anfang an fand ich Gazelle sympathisch, witzig, einfühlsam und attraktiv. Vielleicht würde sich ja eine gute Freund*innenschaft entwickeln?

Wir sahen uns zunächst selten und nur in größeren Gruppen. Nach einem Treffen mit Freund*innen, Ende März 2023, merkte sie, dass es mir nicht gut ging, und rief mich im Anschluss

»›Ich bin für dich da, egal, wie es ausgeht.‹ Diese Worte machen mir Mut, und ich beschließe, dass heute der Tag ist, an dem ich Gazelle fragen werde.«

an, um sich nach meinem Befinden zu erkundigen. Ich war ihr sehr dankbar, war aber zunächst unsicher, ob ich mich schon so sehr öffnen wollte. Schließlich kannten wir uns kaum. Aber ich vertraute auf mein Bauchgefühl und erzählte ihr, was los war. Und auf einmal telefonierten wir täglich miteinander. Wir sprachen stundenlang über alles Mögliche – leichtere Themen wie unsere Lieblingsfilme und -Serien, über unsere Ansichten und Gefühle in Bezug auf unsere Identität. Wir teilten viel, ergänzten uns und lernten voneinander. Unsere Werte stimmten überein. Die Gespräche taten gut.

ICH FÜHLTE MICH VERSTANDEN.

Ich merkte, dass ich einen Crush auf Gazelle entwickelte, hatte jedoch Angst, dass das unsere aufkeimende Freund*innenschaft ruinieren könnte. Schließlich hatten wir gerade eine solide Basis dafür aufgebaut. Deswegen sprach ich es irgendwann am Telefon an: »Gazelle, können wir bitte ausmachen, dass egal, was passiert, sich nichts an unserer Freund*innenschaft ändert? Ich mag dich echt gerne, aber ich möchte keine romantische Beziehung. Ich will erstmal Single sein.« Sie stimmte direkt zu: »Auf jeden Fall! Ich will auch, dass es so bleibt, wie es ist. Ich habe auch gar keine Kapazitäten für eine Beziehung.« Spoiler: Es ist nicht dabei geblieben!

> ***»Gazelle half mir, stolz auf meine Stärken zu sein, und gab mir nie das Gefühl, mich für meine Schwächen schämen zu müssen.«***

Nach einer Woche, in der wir jeden Tag telefonierten und über unsere Erwartungshaltungen sprachen, entwickelte sich alles schneller als gedacht. Wir sprachen stundenlang darüber, was uns in früheren Beziehungen verletzt hatte, was wir uns für neue Beziehungen wünschten, was wir von uns selbst und der anderen Person erwarteten, wie wir miteinander kommunizieren wollten. Ich kann gar nicht alles aufzählen, worüber wir gesprochen haben. Aber ich weiß, dass es unglaublich guttat, offen über alles zu reden. Gazelle gegenüber konnte ich mich vollkommen öffnen. Sie half mir, stolz auf meine Stärken zu sein, und gab mir nie das Gefühl, mich für meine Schwächen schämen zu müssen. Sie glaubte an mich und versicherte mir, dass sie mich im Rahmen ihrer Kapazitäten unterstützen würde. Eine meiner größten Ängste in Beziehungen ist, mich selbst aufzugeben und meinen Fokus nur auf die andere Person zu legen – eine Kombination aus *People Pleasing* und der Angst, nicht genug zu sein. Es fiel mir schwer, aber ich erzählte Gazelle von dieser Angst. Ihre Antwort half mir so sehr: »Egal, was passiert, du bist die Priorität in deinem Leben, und ich bin meine in meinem. Wir sind füreinander da, aber nicht, wenn es bedeutet, uns dafür selbst aufzugeben.«

WOW. DAS TAT SO GUT ZU HÖREN.

Als wir uns besser kennenlernten, fühlte sich vieles so leicht an. Wir hatten so viel im Vorfeld besprochen, dass ich mich sicher fühlte, mehr von mir zeigen. Unsere Ängste und Zweifel holen uns auch heute noch manchmal ein, was zu schwierigen Gesprächen führen kann. Aber wir haben uns vorgenommen, gemeinsam daran zu arbeiten. Wir wollen als Team agieren und gemeinsam Lösungen finden. Vor Gazelle fühlte ich mich wohl genug, um sehr zu *unmasken* und darüber zu sprechen, dass ich den Verdacht hatte, ADHS zu haben und autistisch zu sein. Als ich das teilte, wollte ich vor Scham am liebsten im Erdboden verschwinden. In früheren zwischenmenschlichen Beziehungen war ich oft auf wenig Verständnis gestoßen und fühlte mich gezwungen, mich anzupassen. Das war diesmal nicht nötig: Gazelle bedankte sich dafür, dass ich mich ihr anvertraut hatte. Sie versprach, sich darüber zu informieren, und ermutigte mich, so viel zu teilen, wie ich wollte. »Wenn du die Diagnosen machen lassen möchtest, unterstütze ich dich gerne«, sagte sie. Durch ihre Unterstützung habe ich gelernt, viele Aspekte an mir zu akzeptieren – und sogar zu lieben –, die ich vorher tief verborgen hatte. Mittlerweile habe ich meine Diagnose für Autismus und ADHS.

Ich hatte lange gedacht, ich könnte niemals mit einer anderen trans* Person in einer Beziehung sein. Ich dachte, meine Identität wäre valider, wenn ich mit einer cis Person zusammen wäre. Ich weiß jetzt: Das ist Quatsch und entsprang vor allem meiner eigenen internalisierten Queerfeindlichkeit. Nach meiner letzten Beziehung hatte ich bereits daran gearbeitet und war mittlerweile offen dafür, mit einer anderen trans* Person in einer Beziehung zu sein. Und dann kam Gazelle. Mit ihr fühlte ich mich so sicher und gesehen wie nie zuvor. Ich habe das Gefühl, dass sie mich so wahrnimmt, wie ich mich selbst sehe.

UND DAS IST UNGLAUBLICH WERTVOLL FÜR MICH.

Im April verbrachten wir fast jeden Tag miteinander. Es war intensiv, aber gleichzeitig auch wunderbar leicht. Wir machten Ausflüge, sie lernte meinen Vater und mein Geschwister kennen, ich kochte viel für sie, wir schauten Filme und trafen Freund*innen. Das Leben fühlte sich reicher an. Wir lachten ununterbrochen, philosophierten über das Leben, sprachen über unsere gemeinsame Liebe für Pokémon, kuschelten stundenlang – und ja, ich hatte mich in sie verliebt.

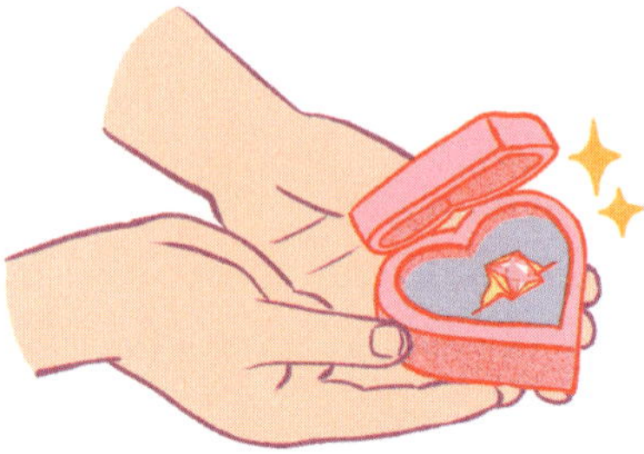

Nun habe ich also den pinken Ring gekauft und mit Teresa telefoniert. Gazelle ist schon auf dem Weg zu mir. Ich sprinte noch schnell die Straße runter, um vegane Schokolade und Blumen zu besorgen – wenn ich das nun wirklich mache, dann richtig. Als Gazelle ankommt, bitte ich sie, im Flur zu warten, während ich im Wohnzimmer alles vorbereite: Ich zünde Kerzen an, stelle ein Bild von uns auf den Tisch, daneben die Blumen und die Schokolade. Dann mache ich den Song »I see you« von Lie Ning an, den wir oft hören, und bitte sie reinzukommen. Sie strahlt übers ganze Gesicht, doch ich merke, dass sie nicht genau weiß, was vor sich geht. Sie gibt mir einen Kuss und bedankt sich – und ich beginne zu schwitzen. Jetzt oder nie! Ich hole die Box mit dem Ring aus der Tüte, schaue in Gazelles schöne Augen und versuche, ganz selbstbewusst zu klingen: »Do you wanna be my girlfriend?«

Die Sekunden, in denen Gazelle nichts sagt, kommen mir wie Stunden vor. Jetzt nur die Ruhe bewahren, Gialu! Es ist völlig okay, wenn sie das nicht möchte. Endlich antwortet sie: »Ich muss nochmal darüber nachdenken.« Puh – damit habe ich nicht gerechnet und bin auch nicht darauf vorbereitet. Also schlucke ich erstmal und versuche, mir nichts anmerken zu lassen. »Voll verständlich, lass dir alle Zeit!«, sage ich und setze mich auf die Couch. Gazelle setzt sich neben mich und betrachtet den Ring. Meine Gedanken drehen sich im Kreis. Habe ich es nun verkackt? Hätte ich noch warten sollen? Doch dann dreht Gazelle den Kopf zu mir und sagt: »Yes, I do wanna be your girlfriend.« – Ja, ich möchte deine Freundin sein. Wir umarmen uns lang und fest. Zu meiner doppelten Erleichterung liebt sie auch den Ring und zieht ihn sofort an.

WIR BLICKEN BEIDE AUF IHRE HAND, DER RING PASST ZU IHR – GENAU SO, WIE WIR BEIDE ZUEINANDER.

DANKE FÜR DIE PASTA – UND EIN PAAR ANDERE BEZIEHUNGS-TIPPS VON UNS FÜR EUCH

Auch wir lernen in unserer Beziehung immer wieder dazu. Hier eine kleine Auswahl:

- Wir sind jeweils unsere eigene Priorität. Das klingt erstmal hart (ist es manchmal auch), doch wir merken, wie gut es uns tut, wenn wir versuchen, zuerst auf die eigene Gesundheit, auf individuelle Ziele und Wünsche zu achten. Dann können wir im Rahmen unserer Kapazitäten füreinander da sein.

- Wir fragen einander nicht mehr »Warum bist du sauer?«, sondern »Wie fühlst du dich gerade und warum?« oder: »Warum hast du dich gerade so verhalten?« So projizieren wir keine Emotion oder Intention in die Fragen.

- Wir nehmen uns regelmäßig Zeit für uns selbst und für unsere Friends – und wir lernen, es nicht persönlich zu nehmen, wenn die andere Person das genauso tut.

- Wir lernen, besser Grenzen zu setzen. Das ist wichtig, nicht umsonst gibt es ganze Bücher darüber.

- Wir nehmen Dinge nicht selbstverständlich hin und wir bedanken uns: »Danke, dass du gekocht / den Müll rausgebracht / aufgeräumt / die Wäsche gemacht hast.« Außerdem checken wir regelmäßig ein: »Wünschst du dir, dass ich mehr im Haushalt mache? Etwas für dich tue? Fühlst dich genügend wertgeschätzt?« Wir wissen, dass uns Bestätigung und Wertschätzung wichtig sind. Und das möchten wir der jeweils anderen Person auch geben.

DANKE, DASS DU UNSER BUCH LIEST.

TRANS
JOY
GAZELLE

GAZELLE

GAZELLE IS MY NAME

Woher kommt eigentlich der Name Gazelle? Würde ich jedes Mal eine Pokémonkarte bekommen, wenn mir diese Frage gestellt wird, dann hätte ich endlich alle Pokémon zusammen. »Gazelle«, der Name kam zu mir – wortwörtlich. Ich war nicht auf der Suche nach einem neuen Namen und hatte noch nicht verstanden, wie sehr sich mein alter Name wie ein Korsett um mich legte und mir das Atmen erschwerte.

In meinen Bürojobs nahm ich regelmäßig mit meinen Teams an Firmenläufen teil – fünf Kilometer durch den Berliner Tiergarten oder das Olympiastadion. Es sollte den Teamgeist stärken und die Gesundheit fördern. Ich machte immer mit, aber es gab ein Problem: Ich hasste joggen. Wirklich, dieses Laufen durch die Straßen oder den Wald machte mir einfach keinen Spaß. Und weil ich es nicht mochte, war mein Joggen immer eher ein Rennen: Ich wollte es möglichst

»Gazelle war laut, frech und witzig. Je mehr ich Gazelle wurde, desto mehr mochte ich diese Version von mir.«

schnell hinter mir haben! Meine beste Zeit: 23 Minuten für fünf Kilometer. Das ist schon ziemlich schnell. Ich lief immer mit geradem Rücken, achtete aufs Abrollen der Schuhe und nahm die Arme eng an den Körper. Warum lief ich überhaupt mit, wenn es mir keinen Spaß machte? Ich mochte den Teamzusammenhalt, und dass es mich fit hielt. Außerdem konnte ich meine Bestzeit immer wieder testen. Es war einfach schön, das zusammen mit lieben Arbeitskolleg*innen zu machen.

Am Ende eines dieser Läufe kam ich verschwitzt ins Ziel. Der letzte Kilometer ist immer der härteste, aber meine Playlist war genau darauf abgestimmt, und ich zog bis zum Schluss durch, sprintete ein letztes Mal. Erschöpft, aber glücklich suchte ich mir einen ruhigen Ort, um meinen Atem zu regulieren. Ein Arbeitskollege (er/ihn) gesellte sich zu mir. »Wir haben es geschafft!«, sagte er. »Du warst mega! Es sah aus, als würdest du schweben – so geschmeidig, schnell und wendig.« Er konnte ja nicht wissen, dass ich es einfach nur hinter mich bringen wollte. »Du läufst so schnell und grazil. Wie eine Gazelle. The Gazelle.« Er lächelte mich lobend an. Gazelle? Hm. Das mochte ich. Gazellen sind schon coole Tiere. Echt hübsch und süß. Und wenn es wirklich so aussah, als ob ich so liefe – und davon musste ich ja ausgehen, denn es fühlte sich schließlich auch so an – dann nahm ich gerne diesen Namen an.

Ich änderte zuerst mein Instagram-Profil – klar, wichtigster Schritt (Ironie). Schleichend, aber merklich manifestierte sich der Name dadurch zunehmend als eine Art Künstlerinnenname. Ich machte immer mehr kreative Videos, probierte mich mit Perücken aus und spielte Sketches auf Social Media. Gazelle war laut, frech und witzig. Je mehr ich Gazelle wurde, desto mehr mochte ich diese Version von mir. Im Privaten begann jedoch ein ganz anderer Prozess: Ich fragte mich, was mein alter Name, der sehr männlich konnotiert ist, noch mit mir machte. Fühlte ich mich ihm überhaupt noch zugehörig? Mehr und mehr spürte ich, dass dieser Name eine Erwartungshaltung mit sich brachte, der ich weder entsprechen wollte noch konnte. Ich war kein typischer »Thomas« oder »Michael« oder »Andreas«. Je klarer mir wurde, dass ich trans* bin, desto sicherer wusste ich, dass mein alter Name gar nicht mehr zu mir passte. Ich war Gazelle geworden. Und das war nicht nur ein Künstlerinnenname oder eine Figur – Gazelle war ich.

GAZELLE WAR MEIN NAME. GAZELLEISMYNAME.

Zu meinem 32. Geburtstag lud ich meine Freund*innen in ein Restaurant ein. Ich hatte das Gefühl, dass dieser Tag perfekt war, um meinen neuen Namen offiziell zu machen. Noch bevor das Essen kam, sagte ich: »Ich muss euch etwas sagen. Ich würde mich freuen, wenn ihr ab jetzt nur noch Gazelle zu mir sagt und sie/ihr-Pronomen für mich nutzt.« Mein Herz schlug mir bis zum Hals, meine Hände waren feucht und mir war leicht schwindelig. Ein Coming-out ist bis heute etwas, das mich nervös macht – egal, ob vor Fremden oder vor Freund*innen.

»Gazelle? Okay, trage ich mir ein.« Meine Freund*innen zückten ihre Handys und änderten meinen Kontakt. »Wie fühlst du dich damit?« fragte meine Schwester Sibylle (sie/ihr). »Gut«, sagte ich und atmete erleichtert aus. Ich war dankbar, dass das das Erste war, woran Sibylle in diesem Moment dachte. »Ich habe eh nie gedacht, dass du cis bist«, sagte eine befreundete Person. »Gazelle ist ein wirklich schöner Name, der passt zu dir«, sagte jemand anderes.

»Mein Herz schlug mir bis zum Hals, meine Hände waren feucht und mir war leicht schwindelig. Ein Coming-out ist bis heute etwas, das mich nervös macht.«

Manche sagen »Giselle« oder »Jaselle«, andere sprechen den Namen wie das Tier aus: Ga-zelle. Dabei soll es eher wie *Ga*-rten und *Sell*-erie klingen, mit französischem Touch. Doch mir ist das egal. Hauptsache, ich werde bei meinem neuen, echten

Namen genannt. Jedes Mal, wenn jemand »Gazelle« zu mir sagt, fühle ich mich kurz ertappt – im besten Sinne. Jemand sieht mich als die Person, die ich bin. Ich liebe es, diesen Namen zu hören. Ich habe ihn nicht gesucht, er hat mich gefunden – und gehört jetzt einfach zu mir.

GAZELLE IS MY NAME.

SAY MY NAME, SAY MY NAME

*Hey, Gazelle und Gialu, was sind eigentlich eure **richtigen** Namen?*

GAZELLE:

Was meinst du? Mein Name ist Gazelle und Gialus Name ist Gialu.

Nein, ich meine die Namen, die eure Eltern euch gegeben haben …

GIALU:

Oh, du meinst unsere Deadnames? Denn unsere richtigen Namen sind Gazelle und Gialu.

Was ist denn ein Deadname?

GIALU:

Das kommt aus dem Englischen und bedeutet »toter Name«. Da wir die Namen, die wir bei der Geburt bekommen haben, nicht mehr nutzen, sind sie praktisch tot für uns.

Oh, okay – und wie lauten eure toten Namen?

GAZELLE:

Gibt es einen Grund dafür, dass du das wissen möchtest?

Ach, das interessiert mich einfach!

GAZELLE:

Das kann ich verstehen, aber es ist etwas sehr Privates, das wir ungern mit dir teilen möchten.

Oh, und warum nicht? Ist das bei allen trans Personen so?*

GAZELLE:

Für die meisten trans* Personen ist es unangenehm, über den Deadname zu sprechen. Es kann Dysphorie und sehr unschöne, schmerzhafte Emotionen und Erinnerungen hervorrufen. Außerdem fühlt es sich einfach schlecht an, damit angesprochen zu werden.

GIALU:

Wenn ich meinen Deadname höre, dann fährt mir das zum Beispiel wie ein Schauer durch den ganzen Körper.

Oh, das war mir nicht bewusst! Ich dachte, es ist halt einfach nur ein Name. Aber wie macht ihr das zum Beispiel bei Dokumenten?

GIALU:

Bei offiziellen Dokumenten wie Verträgen muss meist aus rechtlichen Gründen der Name verwendet werden, der im Ausweis steht. Das ist super nervig und kann schmerzhaft sein, wenn der Name noch nicht geändert ist.

GAZELLE:

Man kann dann aber sagen, dass es sich um einen Deadname handelt, der bitte vertraulich behandelt werden soll. Manchmal ist es möglich, den richtigen Namen noch in einem extra Feld zu ergänzen. So ist dann zum Beispiel in der Ärzt*innen-Praxis der Deadname hinterlegt, aber man wird mit dem richtigen Namen und korrekter Anrede aufgerufen. Das ist super erleichternd.

Danke euch, dass ihr das alles geteilt habt! Also sind Gazelle und Gialu einfach eure Namen. Die sind auch beide echt schön.

GIALU:

Danke, ich hab auch echt lange gebraucht, um den zu finden, haha ...

GAZELLE:

Ich lieb meinen Namen auch, und deiner ist auch echt schön.

Oh, danke! Habt ihr Lust, noch ein veganes Pistazieneis essen zu gehen?

GAZELLE:

Unbedingt!

Übrigens: Während wir diesen Exkurs schreiben, ist es Anfang August 2024 und wir haben gerade unsere Anträge abgegeben, um einen Termin beim Standesamt zu erhalten, damit wir unsere Namen endlich offiziell zu Gazelle und Gialu ändern können. Wenn du diese Zeilen liest, stehen sie wahrscheinlich schon in unseren Ausweisen.

GAZELLE

CAN'T FIGHT THE MOONLIGHT

Meinen »Hormontag« feiere ich mit Freund*innen in meiner liebsten Karaokebar. Mein Hormontag, das ist der 14. März 2023. An diesem Tag beginne ich, morgens Östrogene und abends Hormonblocker zu nehmen, die mein Leben schleichend, aber merklich verändern werden. Mein Körper, meine Empfindungen und Erfahrungen – alles wird in den folgenden Wochen und Monaten Kopf stehen, und dieses Momentum möchte ich zelebrieren. Ich bin aufgeregt und gleichzeitig überglücklich. Nach so vielen Monaten Wartezeit, Therapie und unzähligen Besuchen bei Ärzt*innen gehe ich endlich den nächsten Schritt. Ich schmeiße mich also in meine liebste Glitzerhose und ein schönes BH-Top, frisiere meine Haare zu einem Zopf und gehe los.

Ich erinnere mich noch genau daran, wie ich kurz nach meinem Umzug nach Berlin zum ersten Mal mit meiner Schwester Sibylle ins *Monster Ronson's Ichiban Karaoke* an

»Es war, als ob mich diese Tür unweit der Raver*innen im Berghain an einen Ort führte, an dem ich mich endlich zu Hause fühlen konnte.«

der Warschauer Straße ging. Schon beim Betreten der Bar fühlte ich mich wie in einer anderen Welt: Die Mitarbeitenden dort waren heftig tätowiert, gepierct und sowas von queer. Es war, als ob mich diese Tür unweit der Raver*innen im Berghain an einen Ort führte, an dem ich mich endlich zu Hause fühlen konnte. Es war ein Queer Boxhopping-Montag. Das bedeutete, dass alle Kabinen offen waren und wir mit bis dato fremden Menschen gemeinsam Songs bis in die Morgenstunden sangen. Schon kurz nach Mitternacht flogen die Shirts, und wir sangen die heißesten Hits der queeren und nicht-queeren Popgeschichte in BHs und kurzen Hosen. Ich sang »I don't feel like dancing« von den Scissor Sisters, schrieb meine eigene Musikgeschichte und versuchte, damals noch als schwuler Mann lebend, mein großes Idol Jake Shears (er/ihn) zu verkörpern. Du meine Güte, wie habe ich den geliebt. So ein attraktiver Mann. Ich weiß noch genau, wie ich den Song zum ersten Mal hörte und nicht so recht wusste, was ich davon halten sollte. Doch dann sah ich das Musikvideo und war komplett fasziniert, wie queer alles darin war. So bunt, so laut, so frech. Die Scissor Sisters – fast alle Bandmitglieder selbst queer – in bis zum Bauchnabel aufgeknöpften Hemden, doppeldeutige Symbole, die durch die Luft flogen, und dazu die auffällige, hohe Stimme von Jake Shears, die mir für immer im Ohr

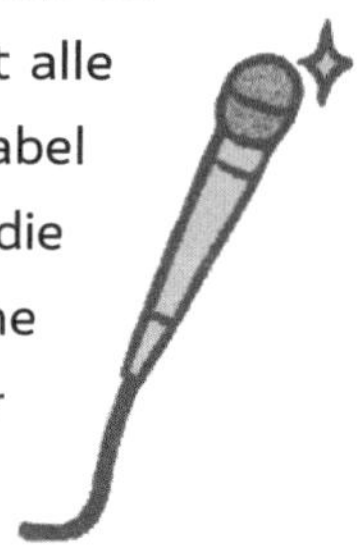

blieb. Shears stand so kompromisslos zu sich und seiner Queerness, was damals, als die Band in den 2000ern ihren Durchbruch hatte, für mich immer noch selten war.

Ich wollte genau so sein wie er.

Einige Jahre später, als mir allmählich dämmerte, dass ich nicht cis bin, es aber noch nicht ganz bei mir angekommen war, sang ich beim Karaoke gerne »Sweet Transvestite« aus der »Rocky Horror Picture Show«. Der Song verspricht für mich, dass du alles sein darfst, wenn du es nur willst. Tim Curry (er/ihn) singt ihn mit Stolz und Inbrunst: Ich bin trans* und es gibt nichts, was du dagegen tun kannst! Einmal sang ich den Song gemeinsam mit meiner Schwester auf der großen Bühne. Sibylle kann übrigens wirklich gut singen. Doch beim Karaoke geht es darum gar nicht – es geht für mich nicht ums Singen, sondern ums *Fühlen*. Ich habe keine besondere Singstimme, aber ich kann definitiv performen und jede Zeile singen, als würde ich sie genau so meinen.

Ich finde es faszinierend, dass die »Rocky Horror Picture Show« aus den späten 1970ern bis heute so eine Strahlkraft hat. Sie ist ein wichtiges Manifest für mehrere Generationen. »Transvestite« ist allerdings ein Begriff, den der größte Teil der trans* Community nicht mehr nutzen möchte, da er oft im pathologischen Kontext verwendet wurde, als trans*-Sein noch als Krankheit klassifiziert wurde. Und daher fand dieser Song für mich nach einer Phase des Empowerments ein jähes Bühnenende.

Jetzt – am 14. März, meinem Hormontag – gilt es wieder, eine neue Ära mit einem neuen Song einzuleiten. Meine engsten Freund*innen und ich mieten uns zunächst eine kleine Kabine im *Monster Ronson's*, um unsere Stimmen in intimer Runde aufzuwärmen. Sibylle hat mir ein kleines Geschenk mitgebracht: *Zu deinem Geburtstag* steht auf der Karte – und yes, dieser Hormontag ist für viele trans* Personen und auch für mich so etwas wie ein Tag der Neugeburt. Wir singen uns durch »Strong Enough« von Cher, »Flourescent Adolescent« von den Arctic Monkeys und »Gimme, Gimme, Gimme (A Man After Midnight)« von ABBA, bis wir beinah nicht mehr können – und dann gehen wir zur großen Bühne.

Ich habe mir einen bestimmten Song überlegt, den ich an diesem Tag vor allen mir bekannten und fremden Menschen auf der großen Bühne singen will, und das soll für immer der Song meines Hormontages sein: »Can't Fight the Moonlight« von LeAnn Rimes. Der Song ist bekannt aus dem Film »Coyote Ugly« (2000) – so ein schlimmer Film! Schwierige Rollenbilder, quasi zero Diversität. Das wurde mir erst im

> ***»Ich kann machen, was ich will, doch manche Dinge kommen einfach, wie sie kommen. Damit ich wirklich glücklich sein kann, muss ich mein eigenes Leben leben.«***

Nachhinein bewusst. Als jugendliche Person habe ich den Film für seine Story geliebt: Eine junge Sängerin geht in die große Stadt New York, um berühmt zu werden, findet die große Liebe und beruflichen Erfolg – genau mein Plan!

»Can't Fight the Moonlight« – ich kann machen, was ich will, doch manche Dinge kommen einfach, wie sie kommen. Damit ich wirklich glücklich sein kann, muss ich mein eigenes Leben leben. So, wie es sich für mich richtig anfühlt. Ich kann zwar versuchen, dagegen anzukämpfen, aber am Ende ist es der Weg, den ich gehen *muss*. Das ist die Botschaft, die ich an diesem Abend mit den Menschen teilen möchte.

Am Pult in einer dunklen Ecke schreibe ich den Songtitel auf ein Blatt Papier und reiche es lächelnd dem Master of Ceremony, also der Person, die den Karaoke-Abend moderiert und die ich bereits seit Jahren kenne. Sie lächelt zurück und reiht meinen Zettel in die Warteschlange ein. Etwa eine Stunde lang tanzen meine Freund*innen und ich in der Menge zu den Songs der anderen Performer*innen. Da gibt es die schüchtern wirkenden Sänger*innen mit den krassen Überraschungsstimmen. Die zarten Menschen, die selbstbewusst Rocknummern grölen, und die After-Work-

Grüppchen, die den Feierabend auf der Bühne einläuten. Meine Freund*innen und ich jubeln bei jedem Beitrag – für alle ist hier Platz, und alle erhalten den gleichen herzlichen Applaus. Dann wird mein Name aufgerufen. Ich schlucke. Ich reiche Sibylle meine Tasche – ihr Blick sagt mir: »Das wird super!«, und ich versuche, diese Zuversicht mit auf die Bühne zu nehmen. Mein Herz rast so schnell, dass ich Angst bekomme, mich vor lauter Nervosität an meinem eigenen Atem zu verschlucken.

ICH STELLE MICH VOR DAS MIKROFON UND WARTE, BIS DER SONG BEGINNT …

»Under a lover's sky, wanna be with you« – die Menge schaut mich erwartungsvoll an. Nicht alle erkennen gleich den Song. Ich nehme das Mikro in die Hand und gehe auf der Bühne auf und ab, singe jede Zeile in die Menge, als würde ich die Geschichte einem*einer Freund*in erzählen: »You can try to resist, try to hide from my kiss, but you know, but you know that you can't fight the moonlight.« Die Scheinwerfer leuchten mir ins Gesicht und ich merke, dass immer mehr Leute den Song erkennen und mitzusingen beginnen. »Underneath the starlight, starlight, we'll be lost in the rhythm so right« – so viele Momente meiner Transition habe ich in dieser Bar verbracht, mit all ihren wundervollen Besucher*innen. So viele Begegnungen hier haben mir geholfen, mich selbst zu finden und zu verstehen, wer ich bin. Ich konnte den Mut fassen, meinen Gefühlen und meiner Intuition zu folgen – und all das hat mich schließlich zu genau diesem Moment auf der Bühne geführt. »You can't fight the moonlight – it's gonna get to your heart«, singe ich, und die Leute jubeln mir zu. Meine Freund*innen empfangen mich mit stolzen Blicken und Umarmungen. »Gut gemacht, Baby«, strahlt mich Sibylle an. Der Applaus ebbt noch immer nicht ab – und ich weiß, dass er nicht nur meiner Performance gilt. Er gilt meinem Mut und meiner Zuversicht, meiner Echtheit und Verletzlichkeit, meiner Authentizität. Der Applaus an diesem 14. März, meinem Hormontag, fühlt sich an wie ein Applaus für meinen Weg, für meine Transition. Für mich ganz persönlich.

WANN HAST DU DAS LETZTE MAL WAS ZUM ERSTEN MAL GEMACHT?

GAZELLE:

Ein erstes Mal, auf das ich mich sehr freue, ist die Adoption unseres Hundes Percy. Das ist so, so aufregend! Das würde mir die Gazelle von vor ein paar Jahren niemals glauben. Ein weiteres erstes Mal war, als ich neulich in der Karaokebar den Song »Pink Pony Club« von Chappell Roan performt habe. Das hat echt Spaß gemacht, und jetzt hab ich Lust, noch mehr Lieder von ihr zu üben.

GIALU:

Oh ja, Percy ist auch für mich ein erstes Mal. Meine Familie hatte zwar immer Hunde, aber einen eigenen Hund zu haben, das ist auch neu für mich. Da bin ich sehr dankbar, das mit Gazelle zusammen zu machen. Ein anderes erstes Mal ist bei mir eine Zahnfüllung gewesen. Ich hatte mega Angst davor, doch Gazelle hat mich zum Zahnarzt begleitet, das hat es gleich weniger schlimm gemacht.

Gazelle, was sind eigentlich deine Lieblingssongs beim Karaoke?

GAZELLE:

Auf die Frage hab ich gewartet! Ein absoluter Klassiker für mich ist definitiv: »Strong Enough« von Cher – der gibt mir alle Emotionen. Mit meiner Schwester im Duett ist unser Go-to-Song »Two Hearts« von Kylie Minogue, den singen wir seit Jahren und der macht immer wieder Spaß. Sowieso, mit Sibylle ist Karaoke einfach toll. Wir feuern uns gegenseitig an, unabhängig von gesanglichen Leistungen. Für Anfänger*innen empfehle ich, einen Song zu singen, dessen Text man gut kennt oder den man einfach fühlt. Vielleicht sowas wie »Superstar« von Jamelia oder »Unwritten« von Natasha Bedingfield? Und immer genug Wasser trinken zwischendurch!

*Und Gialu, was machst du bei deiner Angst vor (Zahn-) Ärzt*innen-Besuchen?*

GIALU:

Vor den meisten Ärzt*innen-Terminen schau ich auf queermed.de erstmal nach safer spaces für mich. Außerdem bin ich dankbar, dass Gazelle oder auch Friends mich begleiten und ernst nehmen. Vor der Zahnfüllung habe ich dem Praxisteam per E-Mail geschrieben, dass ich Angst habe, und das war gut, denn sie sind extrem respektvoll und sensibel damit umgegangen. Einen kleinen Stressball hatte ich auch dabei. Und wenn ich mich wo nicht wohlfühle, dann versuche ich die Praxis zu wechseln.

GIALU

GLASWAND

»Du – Gialu, eine nicht-binäre Person – wirst mit deiner Partnerin Gazelle, die auch trans* ist, deine Familie in Bayern besuchen, und ihr werdet dort eine gute Auszeit haben.« Hätte mir jemand vor drei Jahren diesen Satz gesagt, ich wäre wahrscheinlich komplett überfordert gewesen. Hätte nicht gewusst, ob ich lachen oder weinen soll, weil es so utopisch geklungen hätte und gleichzeitig ein Hoffnungsschimmer gewesen wäre. Denn damals war die Beziehung zu meiner Familie noch eine ganz andere.

Vor drei Jahren waren meine Mutter und ich auf dem Rückweg nach Deutschland, nachdem wir das Elternhaus meines Vaters in Italien besucht hatten. Wir saßen im warmen Auto, draußen tobte ein Schneesturm. Während ich die Schneeflocken betrachtete, ließ ich die vergangenen Tage mit meiner Familie Revue passieren. All die Momente, in denen mein Deadname und die Pronomen »sie/ihr« für mich genutzt wurden, wirbelten in meinem Kopf herum, und ich spürte, wie es in mir ganz heiß wurde. Wut, Enttäuschung und Einsamkeit breiteten sich in mir aus. Wie konnte meine Familie mich immer noch nicht so sehen, wie ich wirklich bin? Seit mehr als anderthalb Jahren nutzte ich meinen Geburtsnamen nicht mehr, und seit einigen Monaten präferierte ich die Pronomen »er/dey«. Warum konnten sie nicht einfach »er« zu mir sagen? Der Schneesturm war so heftig, dass wir immer langsamer fahren mussten. Ich blickte durch die Windschutzscheibe und versuchte, mich zu beruhigen, indem ich mir vorstellte, dass all die kleinen Flocken Sterne seien und ich durch die Galaxie fliege – weit, weit weg von hier. Irgendwann beschloss ich, ein letztes Mal das Gespräch mit meiner Mutter zu suchen, um ihr zu erklären, warum das ständige Misgendern und Deadnaming so unglaublich verletzend und anstrengend für mich ist.

UNZÄHLIGE MALE HATTEN WIR DARÜBER GESPROCHEN, UND GEFÜHLT NICHTS HATTE SICH GEÄNDERT.

Ich wollte den Kontakt zu meiner Familie nicht verlieren, aber ich konnte einfach nicht mehr. Meine Familie ist während meiner Kindheit und Jugend ein Zufluchtsort gewesen. Es gab zwar auch ernstzunehmende Konflikte, doch in den meisten Fällen konnte ich auf sie zählen. Ich hatte nicht viele

Freund*innen und wurde ausgegrenzt – aber immerhin hatte ich meine Familie. Wahrscheinlich war das einer der Hauptgründe, warum ich so große Angst vor meinem Coming-out hatte; ich fürchtete, meinen Zufluchtsort zu verlieren und allein dazustehen. Als nach meinem Coming-out als nichtbinär klar war, dass sie mich nicht verlassen würden, war ich zunächst sehr erleichtert. Ich hatte mich über WhatsApp geoutet, und alle schrieben nur: »Wir lieben dich so, wie du bist!«

MIR FIEL EIN RIESIGER STEIN VOM HERZEN.

Als ich meine Pronomen und meinen Namen änderte, war mir bewusst, dass es Zeit brauchen würde, bis meine Familie das vollständig verinnerlicht hatte. Schließlich hatten sie mich mein ganzes Leben lang mit einem anderen Namen und dem Pronomen »sie« angesprochen. Nach 21 Jahren kann sich das leider nicht von heute auf morgen ändern. Dafür hatte ich Verständnis, auch wenn es mich jedes Mal innerlich zerriss, »sie« oder meinen Deadname zu hören. Dennoch war ich überzeugt: Wenn sie mich wirklich als ihr Kind sehen und als die Person, die ich bin; wenn ich nur oft genug mit ihnen darüber spreche, dann würde der Wandel schneller gehen als gedacht. Doch es wandelte sich nichts. Jedes Mal, wenn ich sie mit »er, bitte« oder »Gialu, bitte« korrigierte, hörte ich im Anschluss wieder die falschen Pronomen und meinen Deadname. Ich fühlte mich zunehmend *anders*, als würde ich nicht mehr zu ihnen dazugehören. Es war, als ob eine unsichtbare Wand, eine Glaswand, zwischen uns stand, und ich hatte keinen Schimmer, wie ich sie verschwinden lassen konnte. Zum Glück gab es auch Menschen in meinem Umfeld, die sehr schnell die neuen Pronomen und den richtigen Namen für mich verwendeten – etwa meine besten Freund*innen Res und Si, die mich seit über sieben Jahren kannten. Das war eine krasse Erleichterung, und auch die Community, die ich online fand, war eine große Stütze für mich. Sie zeigten mir, dass ich wirklich Gialu bin. Umso frustrierender war es, dass meine Familie das auch nach einem Jahr noch immer nicht sehen konnte.

»Ich fühlte mich zunehmend anders, als würde ich nicht mehr zu ihnen dazugehören.«

Im Auto gerieten meine Mutter und ich in ein emotionsgeladenes Gespräch. Unter Tränen brach schließlich aus mir heraus: »Nicht ein einziges Mal in diesem ganzen Jahr hast du ›er‹ zu mir gesagt. Warum nicht? Verstehst du nicht, wie weh mir das tut, immer die falschen Pronomen zu hören? Papa und du, ihr sagt zwar, dass ihr mich liebt, so wie ich bin, aber ich hab das Gefühl, ihr seht mich gar nicht richtig.« Auch meine Mutter begann zu weinen. Wir waren beide überladen mit Emotionen, viel zu viel hatte sich angestaut. Ich bin mir sicher, dass weder sie noch ich, noch irgendjemand in meiner Familie schlechte Absichten hatte. Alle wollten im Grunde nur Harmonie. Doch wir hatten Angst vor dem Unbekannten und Schwierigkeiten mit Veränderung. Statt unsere Unsicherheiten, Ängste und unser Unwissen offen anzusprechen, versuchten wir, uns herauszureden und die Schuld bei anderen zu suchen. Kurz gesagt: Wir waren nicht in der Lage, ehrlich zu kommunizieren, und meine Familie war noch nicht an dem Punkt, sich ihre internalisierte Queerfeindlichkeit einzugestehen oder tatsächlich an sich zu arbeiten. Und dadurch wurde ich sehr verletzt. Ihre Reaktion ist verständlich, jedoch nicht zu rechtfertigen. Es war queerfeindlich mir gegenüber und das musste sich ändern.

Meine Mutter und ich kamen schließlich zu Hause an, doch unsere zwischenmenschliche Beziehung steckte noch im Schneesturm fest. Wir drehten uns im Kreis. Es schmerzte, aber ich wusste zu diesem Zeitpunkt, dass ich eine Grenze ziehen musste. Zurück in Hamburg teilte ich meinen Eltern mit, dass ich den Kontakt zu ihnen reduzieren musste – so lange, bis sie mich wirklich als die Person sehen konnten, die ich bin. Das fiel mir schwer, doch es war notwendig für mich. Ich hoffte, irgendwann wieder eine Verbindung zu ihnen aufbauen zu können, und falls das nicht passieren würde, wollte ich lernen, auch das anzunehmen. Meine biologische Familie definiert mich nicht, und meine *chosen* *family*, also meine selbst ausgewählte Familie, ist genauso richtig und wichtig. Ich hörte auf, gegen die unsichtbare Glaswand zu schlagen, und akzeptierte, dass sie nur dann zerbrechen könnte, wenn beide Seiten etwas dafür taten. Sie waren an der Reihe, auf *mich* zuzukommen. Ich wusste nicht, ob meine Familie den Schritt gehen würde, an sich zu arbeiten. Das tat weh, ich weinte viel und auf eine gewisse Art und Weise war es befreiend. Die Tatsache, dass ich in Hamburg lebte, nicht mehr komplett finanziell von ihnen abhängig war und einen unterstützenden Freund*innenkreis hatte, erleichterte die Situation enorm.

Ein Jahr lang war unser Kontakt sehr distanziert. Einem entfernteren Teil der Familie habe ich mich bis heute nicht mehr aktiv genähert und die Distanz tut mir weiterhin gut. Mit meinem Geschwister Teresa hatte ich jedoch recht schnell wieder einen guten Draht, und Teresa zählt heute zu den engsten Menschen in meinem Leben. Teresa war auch eine der wenigen Personen, die sich wirklich aufrichtig bei mir für deren Verhalten entschuldigt hat. Das schätze ich sehr an Teresa. Der Rest meiner engeren Familie und ich reflektierten in dieser Zeit viel, und irgendwann begannen wir, wieder häufiger miteinander zu sprechen. Ich merkte, dass sie endlich auch Schritte auf mich zugegangen waren und an ihrer internalisierten Queerfeindlichkeit arbeiteten. Sie fingen an,

»Ich wusste nicht, ob meine Familie den Schritt gehen würde, an sich zu arbeiten. Das tat weh, ich weinte viel und auf eine gewisse Art und Weise war es befreiend.«

meine Pronomen und meinen Namen immer öfter zu nutzen, und langsam wurde alles wieder ein wenig mehr wie früher. Sie erzählten mir von einigen Artikeln über Queerness, die sie gelesen hatten, und meine Mutter begann, Beiträge auf Social Media zu teilen, die sich pro queere Rechte äußerten. Das waren für mich Schritte in die richtige Richtung. Endlich merkte ich, dass sie begannen, mich wirklich als die Person zu sehen, als die auch ich mich sehe. Die Glaswand zwischen uns wurde immer dünner. Sie entschuldigten sich für bestimmte Momente in der Vergangenheit, was mir unglaublich guttat. Auch wenn es immer noch schmerzte. Ihnen war bewusst geworden, dass sich etwas ändern musste an ihrem Verhalten und dass sie mich nicht verlieren wollten. Da ich auch sie nicht verlieren wollte, nahm ich die Entschuldigung an, und bis heute führen wir immer wieder wichtige Gespräche, um über Situationen zu reflektieren. Würde ich hier ins Detail gehen, könnte ich wahrscheinlich ein ganzes Buch darüber schreiben, wie wir uns wieder angenähert haben. Aber die Quintessenz, die ich daraus mitgenommen habe, ist: Es war unglaublich wichtig, dass ich diese Grenze gezogen habe. Es hat uns, trotz der Distanz, näher gebracht als je zuvor. Wir haben die Glaswand *gemeinsam* eingerissen.

MANCHMAL SIND DA IMMER NOCH SPLITTER, DOCH DIE

Fegen wir gemeinsam weg.

Letztes Jahr war es dann so weit: Gazelle und ich besuchten zum ersten Mal gemeinsam meine Familie in Bayern. Ich hatte ihnen vorher nochmal ein kurzes »Briefing« gegeben: »Wenn ihr uns misgendert, bitte einfach kurz entschuldigen, verbessern und weiterreden«, »Bitte keine Fragen über Hormone oder OPs stellen. Wenn Gazelle darüber reden will, dann kann sie das für sich entscheiden.« Zu meiner Erleichterung lief es, bis auf den typischen Familienstress, gut. Sogar besser als das: Es war schön. Mein Vater und ich spielten Tennis wie früher, und wisst ihr was? Ich fühlte mich so wohl, dass ich zum ersten Mal vor ihm mein T-Shirt auszog und oberkörperfrei – mit meinen Mastektomie-Narben – Tennis spielte. Es war immer noch ungewohnt, und ich war dankbar über Gazelles Anwesenheit. Durch sie fühlte ich mich wohler. Meine Mutter erzählte mir, während wir auf der Wiese saßen und die Hunde streichelten, von einer Situation, in der sie bewusst eine Grenze gezogen hatte, um auf ihre eigenen Kapazitäten zu achten. Sie sagte, das hätte sie durch Teresa und mich gelernt. Es war schön, so offen mit meiner Mutter über unsere Gefühle zu sprechen, und ich war so stolz auf sie. Meine Großeltern, die mittlerweile beide über 85 Jahre alt sind, nennen mich jetzt ganz selbstverständlich Gialu. Und wenn sie mich aus Versehen misgendern, dann tut es zwar immer noch weh, aber nicht so sehr wie früher, da ich weiß, dass sie sich bemühen und

»Meine Familie und ich durchleben immer noch Höhen und Tiefen.«

es ihnen wichtig ist. Es fühlte sich endlich wieder leichter an, mit ihnen zu sprechen. Ich fand auch gut, meine Tante, meinen Onkel und meinen Cousin wiederzusehen, vor allem, weil ich auf eine neue Weise mit meinem Cousin bonden konnte. Früher hatte ich mich oft von ihm distanziert – vielleicht, weil ich ihn um sein Leben als cis Junge beneidete. Wir näherten uns einander wieder an, und als ich ihm von meiner Mastektomie vor ein paar Jahren erzählte, sagte er einfach: »Es ist dein Körper, und es ist wichtig, dass du dich darin wohlfühlst!« Jetzt tat es mir richtig gut, mit ihm zu sprechen – vor allem, da ich mich immer sicherer in meiner Identität fühle und lerne, mich als die nicht-binäre Person zu lieben, die ich bin. Meine Familie und ich durchleben immer noch Höhen und Tiefen, doch endlich habe ich das Gefühl, dass wir auf einem Weg sind, der in die Richtung eines echten Zufluchtsorts gehen könnte. Dass ein Teil meiner Blutsfamilie auch meine *chosen family* sein könnte.

Ich bin dankbar für diesen Teil der Familie und dafür, dass wir wieder zueinander gefunden haben. Durch das Ziehen von Grenzen habe ich auch schon einige Menschen in meinem Leben verloren. Doch mit meiner Familie saßen Gazelle und ich nun zusammen im Garten, aßen und redeten. Sämtliche Familienmitglieder entpuppten sich als große Gazelle-

Fans und zitierten ein paar ihrer unglaublich witzigen Sketche, und gemeinsam wurden neue Ideen für weitere Videos gesammelt. Es war so schön zu sehen, wie weit wir alle gekommen sind.

UND ES GAB MIR DIE ZUVERSICHT, DASS ES SO WEITERGEHT.

FAMILY TIME

Ein paar mögliche Sätze nach dem Coming-out eines Familienmitglieds:

- Danke, dass du mir das anvertraust. Das weiß ich zu schätzen.
- Erstmal will ich, dass du weißt, dass ich dich so liebe, wie du bist, und lernen möchte, dich bestmöglich zu unterstützen.
- Möchtest du weiter darüber reden oder mir sagen, wie es dir jetzt geht? Du kannst gerne deine Gefühle und Gedanken mit mir teilen.
- Gibt es etwas Bestimmtes, das du gerade (von mir) brauchst?
- Ich werde mich in das Thema mehr einlesen, ist es okay, wenn ich dir dazu Fragen stelle und du mir vielleicht Accounts zeigst, die ich mir anschauen kann?
- Ich hab dich lieb.

GAZELLE:

Als ich mich vor meinen Eltern geouted habe, kann ich mir vorstellen, dass sie auch erstmal Ängste, Sorgen und Zweifel hatten. Für mich war mein Coming-out ein sehr verletzlicher und intimer Moment. Ich wollte endlich alles erzählen, was ich jahrelang versteckt hatte. Meine Eltern gaben mir erstmal den Raum, alles »rauszulassen«, und erst später sprachen wir auch über ihre Sorgen und Ängste. Das wusste ich zu schätzen.

GAZELLE

DOGS? NO THANK YOU

»Aber magst du keine Tiere, oder hast du eher Angst vor ihnen?«

Gialu hatte mich ertappt. Ich war kurz davor, in Tränen auszubrechen – so, wie wenn mein Therapeut mir eine Frage stellt, die etwas in mir auslöst. »Wie geht es Ihnen wirklich?« oder »Was macht das mit Ihnen?«, fragt er manchmal. Deep shit eben. Gialu sah mich erwartungsvoll an.

Solange ich zurückdenken kann, konnte ich Tiere nicht ausstehen. Allerdings hatte ich auch keinen Kontakt zu ihnen. Einige meiner Verwandten hatten Hunde, doch die waren so groß, dass ich als Kind Angst bekam und mich vor ihnen versteckte. Mit elf Jahren spielte ich »Lara Croft – Tomb Raider« auf der Playstation. In diesem Spiel sind Hunde die Bösen. Bei jedem Bellen aus dem Fernseh-Off schreckte ich zusammen. Zwei- bis dreimal in der Woche ging ich morgens

> ***»Mit Mitte 30 wollte ich einfach nicht zugeben, dass ich die Straßenseite wechsele, wenn mir ein Hund entgegenkommt.«***

vor der Schule joggen und mied bewusst die Häuser, in deren Vorgärten Wachhunde kläfften. Von einem Schulfreund wusste ich, dass er mal von einem Hund verfolgt worden war, weil das Gartentor offen gestanden hatte, und das jagte mir höllische Angst ein. Als Teenagerin hatte ich auch mal versucht, auf einem Pferd zu reiten. Doch schon beim Bürsten musste ich niesen und husten – vermutlich eine Pferdehaarallergie. Jedenfalls war schnell klar, dass Reiten nichts für mich ist. Als Erwachsene mied ich Parks, joggte lieber auf Asphalt und wechselte nervös die Straßenseite, wenn ich in der Ferne nicht angeleinte Hunde entdeckte. Kurzum: Ich hatte sehr viel Respekt und Angst vor Tieren. Doch so richtig zugeben wollte ich das nie. Mit Mitte 30 wollte ich einfach nicht zugeben, dass ich die Straßenseite wechsele, wenn mir ein Hund entgegenkommt. Irgendwann verlor ich mich im Narrativ: »Ich mag keine Tiere.« Ich behauptete, Haustiere und Tiere allgemein nicht zu verstehen, und wollte nichts mit ihnen zu tun haben. Bei Tinder swipte ich bei Männern mit Hunden sofort nach links.

DOGS? NO, THANK YOU!

Als Gialu und ich anfingen, offiziell zu daten, erklärte Gialu mir, dass es denen für eine Beziehung wichtig sei, dass der*die zukünftige Partner*in Tiere mag. Gut, dachte ich, dann wird das wohl nichts Ernstes mit uns. Bei einem unserer Abendessen in Gialus Wohnzimmer sah Gialu mir dann tief in die Augen und stellte die Frage der Fragen: »Aber magst du keine Tiere oder hast du eher Angst vor ihnen?«

Na ja, ich hatte ja kein Herz aus Stein! Gialu hatte mich natürlich ertappt. Immerhin lebte ich seit einiger Zeit wegen des Tierleids fast komplett vegan ...

Und dann waren da auch noch Fred und Tiger. Die zwei Löwenmähnen-Zwergkaninchen, die ich gemeinsam mit meiner Ex-Beziehungsperson hielt. Ich hatte damals klargestellt, keine Kaninchen zu wollen, und dass das deren Hobby sein würde. Letztlich war ich es jedoch, die als »Between-jobs-stay-at-home-Hausfrau« mit den Kleinen zum Tierarzt ging, sie erzog und sie mühsam aneinander gewöhnte, während meine Ex-Beziehungsperson für uns arbeiten ging. Und ja, am Ende hatte ich die kleinen Racker natürlich doch in mein Herz geschlossen.

Gialu begann, mir Fotos von sich und deren Familienhunden zu schicken. Es handelte sich um zwei tolle Pointer-Mix-Hunde, und Gialu war auf allen Bildern mit strahlendem Lächeln des puren Lebensglücks zu sehen. Allmählich gewöhnte ich mich daran, Bilder von Hunden süß zu finden, und erkannte, dass Hunde tatsächlich einen wohltuenden Effekt auf Menschen haben können. Gialu schickte mir regelmäßig Hunde- und Katzen-Reels, und nach und nach begann mein Ressentiment gegenüber der Tierwelt zu schwinden. Als wir als frisch gebackenes Paar dann zum ersten Mal gemeinsam Gialus Eltern besuchten, lernte ich die Pointer persönlich kennen.

UND SIE WAREN SO SÜSS.

Ich durfte lernen, sie zu streicheln und ihnen Leckereien zu geben. Ich erlebte, wie es ist, wenn Hunde im Bett schlafen, am Tisch mitessen und frei im Garten herumtollen. Ich mochte die Hunde und die selbstverständliche Art, wie sie Teil der Familie waren – nicht nur eine Ergänzung, sondern vollwertige Mitglieder.

In unserem Sommerurlaub in Griechenland einige Zeit später wünschte sich Gialu, zu deren Geburtstag die Tierschutzorganisation PAWS zu besuchen. Auf der griechischen Insel rettet PAWS seit vielen Jahren Hunde und Katzen von der Straße, kümmert sich um Kastrationen und Futter und versucht, einigen der Tiere ein besseres Zuhause zu vermitteln, zum Beispiel bei Familien in Griechenland oder Deutschland. Ich war unsicher: »Also, da leben 30 Hunde auf einem Haufen?« »Ja, und außerdem sicher so 20 Katzen, vielleicht sogar mehr«, erklärte Gialu. Ich bekam Angst. Also wirkliche Angst. Ich stellte mir einen Riesenhof vor, auf dem 50 Tiere wild umherliefen, auf Menschen zusprangen und sofort zubissen, sobald sie sich auch nur leicht bedroht fühlten. Ich hatte aber auch Sorge, Gialu zu enttäuschen, denn unsere Beziehung war inzwischen sehr ernst geworden – und ich wollte Tiere ja schließlich auch besser kennenlernen. Und nicht zuletzt hatte ich Angst davor, mich selbst zu enttäuschen. Was würde es mit mir machen, so vielen Tieren auf einmal zu begegnen? Würde ich meine Furcht einfach so abstreifen können? Mein Therapeut sagte später, dass bei meiner Angst vor Hunden eine Schocktherapie hilfreich sein könnte. Er würde das zwar nicht pauschal empfehlen, aber bei Hundeangst sei der direkte Kontakt wohl bei vielen Menschen ein Ansatz zur Besserung – zumindest für mich persönlich traf das auch zu.

»Ich bekam Angst. Also wirkliche Angst. Ich stellte mir einen Riesenhof vor, auf dem 50 Tiere wild umherliefen, auf Menschen zusprangen und sofort zubissen.«

Auf einem Mofa fuhren wir quer über die Insel zu PAWS. Den ganzen Weg über versprach ich mir, dass ich mir Zeit geben würde. »Du kannst auch draußen warten und ich komme mit zwei Hunden zum Spazieren raus«, schlug Gialu vor. Als wir auf den langen Schotterweg zum Shelter abbogen, klammerte ich mich fest an Gialu. Ich trug lange Kleidung, aus Angst vor Berührungen mit den Tieren. Dadurch fühlte sich schon die Morgensonne drückend und beschwerlich an. Wir begegneten immer weniger Menschen auf unserem Weg; es fühlte sich für mich an, als würden wir an einen völlig verlassenen Ort fahren. Wir betraten das Gelände von PAWS schließlich durch ein riesiges Metalltor und stellten unser Mofa neben den parkenden Autos ab. Zwischen den Hügeln standen zwei kleine Häuschen, daneben eine ganze Menge Metallzäune. Es war sehr still, nur ein bisschen leises Bellen war zu hören. Ein Teil in mir rechnete felsenfest damit, dass gleich eine ganze Horde Hunde mit gefletschten Zähnen auf mich zurasen würde. Ich blieb ganz nah an Gialus Seite. Wir näherten uns den ersten eingezäunten Bereichen. Zwei kleine Hunde begannen zu bellen, drei größere hoben ihre Köpfe und sahen uns an, ich zuckte zusammen. »Schau, die bellen jetzt, weil sie Aufmerksamkeit wollen. Eigentlich wollen die alle nur Liebe und ein gutes Zuhause finden.« Gialu sah mich zuversichtlich an. Ängstlich blickte ich in die Gehege: Die Tiere hatten es hier sichtlich gut. Es gab viel Auslaufplatz, es war sauber und die Hunde sahen gepflegt aus. Wir sprachen mit den Mitarbeiter*innen von PAWS, die Gialu und deren Familie zum Teil schon seit Jahren kannten, weil sie bei jedem Besuch auf der Insel auch hier vorbeischauten. Wir durften mit zwei kleinen Hunden spazieren gehen. Die Mitarbeiterin reichte mir die Leine von Tantan. Der kleine weiße Terrier konnte mir nicht mal in die Augen schauen, so große Angst hatte er vor mir. Ich fühlte mich gleich etwas

»Ich fühlte mich gleich etwas sicherer, da wir anscheinend beide gleich viel Angst voreinander hatten.«

sicherer, da wir anscheinend beide gleich viel Angst voreinander hatten, und konnte mich an das Führen mit der Leine gewöhnen. Nach ein paar Metern kam ich ins Grübeln: Warum hatte Tantan denn so eine große Angst? Was war mit ihm passiert, dass er sich kaum zu uns drehen wollte? Später lernten wir auch noch Azor und Cesar kennen. »Die sind schon so lange hier, Gazelle, und niemand möchte sie adoptieren«, erklärte Gialu mit traurigem Gesicht. Die beiden Hunde ließen sich ohne Schwierigkeiten streicheln und schauten uns mit ihren treuen und wunderschönen Hundeaugen an. Ich war überwältigt: Die Hunde hier lebten zwar ein gutes, aber doch sehr eingeschränktes Leben. Und das Bellen programmierte ich in meinem Kopf um: Es war oft weniger ein Hinweis auf Angriff, sondern vielmehr ein »Hallo!«, ein Ruf nach Liebe oder Zuneigung – bei allem nötigen Respekt, den ich einem bellenden Hund nach wie vor entgegenbringen möchte. Die Tiere dort warteten darauf, von einer Person oder einer Familie aufgenommen und geliebt zu werden. Und genau das hatten sie auch verdient. Wir gingen noch mit ein paar weiteren Hunden spazieren und machten einige Fotos und Videos, um die Organisation auf Social Media zu unterstützen. Hautnah erlebte ich Gialus großes Herz für Tiere, und deren Engagement für Tierwohl war inspirierend und ansteckend zugleich.

Als wir in der Nachmittagssonne mit dem Mofa zum Strand fuhren, fühlte ich mich erleichtert und erschöpft, weil es mich viel Kraft gekostet hatte, meine Angst vor Hunden zu überwinden. Vor allem aber war ich beflügelt und motiviert, mich dieser Angst auch weiterhin zu stellen.

Meine Angst vor Hunden ist noch nicht komplett verschwunden.

In geschlossenen Räumen werde ich immer noch nervös, wenn größere Hunde bellen oder verspielt und aufgedreht herumtollen; mein Herz rast dann vor lauter Aufregung. Auch ein Knurren schreckt mich weiterhin ab und das ist okay. Ich lerne die Hundesprache gerade erst kennen. Aber eines hat sich definitiv verändern: Ich liebe Hunde. Und ich kann sehen, wie sehr sie Liebe brauchen und geben, und ich bin stolz darauf, meine Angst in großen und kleinen Schritten überwinden zu können, um ihnen mit der Liebe zu begegnen, die sie verdienen. Inzwischen haben Gialu und ich den kleinen Terrier Percy aus dem Shelter bei PAWS adoptiert. Wir haben sehr viel Spaß mit unserem Familienzuwachs, und zum ersten Mal seit 35 Jahren kann ich einem Tier mit echter Liebe begegnen.

Ich bin jetzt zwar nicht mehr bei Tinder unterwegs, doch wenn ich es wäre und eine Person mit Hund sehen würde –

ich würde inzwischen direkt nach rechts swipen. Du magst Hunde? Dann mag ich dich auch.

DOGS? YES, PLEASE!

HUNDEGLÜCK

Gialu und Gazelle, welche Dinge machen euch glücklich?

GIALU:

Für mich gibt es nichts Besseres, als Hunde zu streicheln. Um ehrlich zu sein: Alles, was mit Tieren zu tun hat. Tiere geben mir eine gewisse Art von Ruhe und ich fühle mich von ihnen verstanden. Außerdem finde ich sie sehr faszinierend und beobachte sie gerne.

GAZELLE:

Mit meinen Friends in der Karaokebar zu singen, macht mich glücklich. Einfach mal alles rauslassen! Karaoke gibt mir auch das Gefühl, nicht perfekt sein zu müssen. Ich singe einfach, wie ich will. Das ist kein Wettbewerb, sondern das ist nur für mich.

WELCHE DINGE MACHEN DICH GLÜCKLICH?

Gazelle und Gialu, was sind eure Stärken?

GIALU:

Ich kann ganz schön gut Geschichten mit sämtlichen Details erzählen. Manche Leute finden das nervig, doch Gazelle meint, sie findet das bewundernswert. Und ich mag es mittlerweile an mir selbst auch.

GAZELLE:

Ich kann richtig gut kürzen. Das bedeutet manchmal, dass ich mich etwas zu unverständlich ausdrücke; aber gebt mir euren Text, und ich kürze euch alles weg, was nicht bei drei auf den Bäumen ist. Easy.

WAS SIND DEINE STÄRKEN?

GIALU

BETWEEN ME AND YOU

Es ist ein Spätsommerabend, ich sitze in unserer kleinen Wohnung am E-Piano und schreibe an einem neuen Song – vor dem besten Publikum, das ich mir vorstellen kann: Amiga, eine süße Hündin, auf die wir manchmal aufpassen, und Gazelle, die währenddessen Pokémon auf der TV-Konsole spielt. Ich fühle mich wohl, singe aber trotzdem nur halblaut vor mich hin: »Between me and you ...« Ein bisschen unangenehm ist es mir sogar vor den beiden, nicht jeden Ton zu treffen. »Die Töne existieren ja auch noch gar nicht, Gialu, du schreibst das Lied gerade erst!« Mit diesen Worten versuche ich, gegen meinen inneren Perfektionismus anzukämpfen. Ich probiere ein paar Akkordkombinationen aus, aber nicht jede Taste passt. Was, wenn Gazelle denkt, dass es schrecklich klingt? Obwohl es guttut zu singen, schleichen sich plötzlich wieder diese Gedanken ein: »Ist es gut genug?« Ich höre auf zu spielen und blicke unsicher über meine Schulter zu Gazelle.

Schon als kleines Kind unterhielt ich meine Familie auf langen Autofahrten mit selbst ausgedachten Liedern und sang die Lieder im Radio mit – vor allem Balladen, egal, ob ich den Text konnte oder nicht. Musik habe ich schon immer geliebt. Wenn ich singe, kann ich meine Emotionen verarbeiten und neue Welten für mich entdecken. Singen ist ein Teil von mir. Aber ich sang immer nur vor meiner engsten Familie und am liebsten allein in meinem Zimmer hinter geschlossener Tür. Denn mit negativen Aussagen wie »Oh, das war etwas schief« oder Gelächter konnte ich nicht umgehen – das blieb in meinem Kopf haften und wurde zum Fokus. Die bestärkenden Rückmeldungen verblassten, bis ich sie irgendwann als Lügen oder Mitleid ansah. Ich wusste ja, dass ich nicht so gut singen konnte wie andere. Ständig verglich ich mich auf toxische Weise mit Menschen, die ihr Leben lang Musik machten, Gesangsunterricht nahmen oder einfach etwas talentierter waren, statt mich auf mich selbst zu fokussieren und mich von anderen Musiker*innen inspirieren zu lassen. Meine Erwartung war: Wenn ich nicht so gut bin wie sie, bin ich nicht gut genug, und dann hat meine Musik keinen Sinn.

In der dritten Klasse bekamen wir die Aufgabe, unseren Traumberuf zu malen. Ich malte mich auf einer pinken Bühne, Mikro in der Hand, vor einem jubelnden Publikum. Daraufhin bot mir meine Oma, die ich Goka nenne, Gesangsunterricht an. Das innere Bedürfnis, meine musikalischen Fähigkeiten auszubauen, war groß, aber die Angst, unzureichend zu sein und ausgelacht zu werden, war größer. Ich

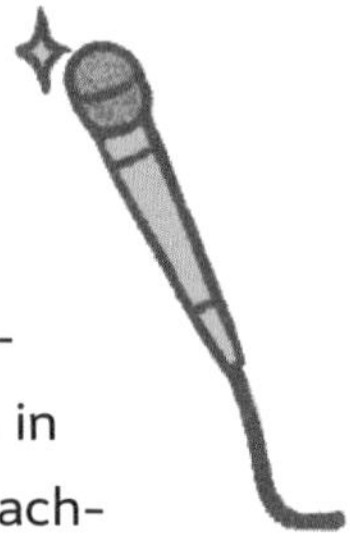

hatte Angst zu versagen, Angst, es »umsonst« zu versuchen. Außerdem hielt ich die Chance, mit Musik später einmal meinen Lebensunterhalt zu verdienen, für gering – ja, tatsächlich hatte ich schon in diesem Alter von meinem Umfeld gelernt, darüber nachzudenken, und fühlte mich dadurch unter Druck gesetzt. Ich lehnte das Angebot von Goka dankend ab. Lieber machte ich Musik nur für mich. Also spielte und schrieb ich weiter allein in meinem Zimmer.

2018, mit 20 Jahren, traute ich mich zum ersten Mal, ein Gesangsvideo von mir auf Instagram zu veröffentlichen. Ich hatte einen kleinen Song geschrieben, der mir so viel Freude bereitet hatte, dass ich ihn unbedingt mit anderen teilen wollte. Ich wollte mich nicht mehr von meinen Ängsten leiten lassen, sondern von der Freude. Außerdem fand ich es cool, dass andere Menschen ihre Kunst online teilten – unabhängig von ihrem Können. Das inspirierte mich. Trotzdem war ich unglaublich aufgeregt. Ich nahm das Video bestimmt 50-mal auf und schaute es doppelt so oft an, bevor ich mich entschied, es wirklich zu posten. Damals hatte ich um die 600 Follower*innen, die meisten davon kannte ich. Das machte es für mich noch privater, intimer und dadurch fühlte ich mich verletzlicher.

Zu der Zeit hing ich viel mit meinen Jungs in Hamburg ab, und eine Sache, die sie mir näherbrachten, waren die »Freestyle Sessions« – und ich LIEBTE sie. Wir saßen meistens irgendwo mit einer Musikbox, jemand legte einen Freestyle-Beat auf, und die Jungs fingen einfach an zu rappen. Volkan brach das Eis mit witzigen Lines, und Hassan haute seine krassen, tiefgründigen Texte raus. Als ich das zum ersten Mal miterlebte, war ich begeistert. Friends, die zusammen Musik machen, Spaß haben und sich gegenseitig motivieren? Einfach nur cool. »Los, Gialu, jetzt du!«, forderten sie mich auf. Mein Gesicht wurde sofort knallrot. »Nee, ich kann das nicht, macht ihr nur weiter«, lehnte ich ab. Insgeheim wollte ich es probieren, hatte sogar schon in meinem Kopf mitgereimt, aber ich wollte mich nicht blamieren. Mir war klar, dass ich im Vergleich zu ihnen noch nicht so gut war. Doch Volkan meinte: »Ach komm, du kannst das! Ist nur für den Spaß, kein Druck.« Ich schüttelte den Kopf. Zu den nächsten Beats reimte ich im Stillen wieder mit und bewegte dabei meine Lippen. Hassan bemerkte: »Ich seh's doch, Gialu, da kommt was!« Auch Eyyup bestärkte mich: »Komm, einfach mal ausprobieren. Wir lachen auch nicht, es ist einfach cool, wenn sich jemand traut.« Und als Sam sagte: »Wir trauen uns manchmal auch nicht. Wenn du's nicht fühlst, ist das voll okay. Mach in deinem Tempo und vergleich dich nicht mit uns, wir machen das ja schon länger«, hatten sie mich überzeugt. Ich nahm meinen ganzen Mut zusammen und freestylte zum ersten Mal vor Menschen, die ich noch nicht lange kannte. Sie hypten mich, und was soll ich sagen? Es hat einfach Spaß gemacht. Hatte ich perfekt gerappt? Was heißt schon perfekt? Ich hatte mein Bestes gegeben und Spaß daran gehabt – und genau das wollte ich zu meinem neuen »Perfekt« machen.

Bis heute kostet es mich Überwindung, vor anderen Menschen Musik zu machen und meinen Perfektionismus zu überwinden. Nicht nur, was die Musik angeht. Mein Perfektionismus und meine zu hohen Erwartungen stehen mir oft im Weg, wenn es darum geht, Dinge zu tun, die mir Freude bereiten. Aber ich will mir die Zeit geben, das in meinem Kopf zu ändern.

Was meinen Gesang und meine Musik angeht, gab es viele weitere erste Male, auf die ich stolz bin. Mittlerweile habe ich mich sogar getraut, Gesangsunterricht zu nehmen, und siehe da: Meine schlimmsten Bedenken wurden nicht bestätigt. Stattdessen unterstützt mich meine Gesangslehrerin, lobt mich und gibt mir immer das Gefühl, gut genug zu sein. Natürlich fällt es mir manchmal schwer, Feedback anzunehmen – oft habe ich das Gefühl, als würde meine ganze Person angegriffen und die Person, die mir Feedback gibt, findet alles schlecht, was ich mache. Aber dann atme ich tief durch und erinnere mich daran, dass ich selbst, wenn ich Feedback gebe, meist helfen möchte. Ich habe außerdem gelernt, dass Freude an der Sache Grund genug für mich sein kann, diese Sache auszuüben, und dass sie keinen finanziellen Gewinn mit sich bringen muss. Ich darf Gesangsunterricht nehmen und Musik machen, auch wenn ich damit nie Geld verdienen werde. Ich versuche, mich mit Menschen zu umgeben, bei denen ich das Gefühl habe, dass wir uns gegenseitig nur das Beste wünschen. Denn ich kann nicht alle Menschen auf diesem Planenten glücklich machen, und das muss ich auch nicht. Es wird immer Leute geben, die meine Musik nicht mögen – es gibt ja sogar Menschen, die sagen, Sam Smith könne nicht gut singen! Aber auch das ist okay. Diese Menschen sollten nicht zu meinem Fokus werden. Stattdessen möchte ich mich auf die Menschen konzentrieren, die an mich glauben, mich unterstützen und inspirieren. Natürlich ist das leichter gesagt als getan.

Jetzt sitze ich am E-Piano in Gazelles und meiner Wohnung und spiele vor einer Person, von der ich weiß, dass sie mich über alles liebt – und trotzdem ist da diese kleine Angst, ausgelacht zu werden. Gazelle bemerkt meinen Blick, wendet sich vom Fernseher ab, lächelt mich an und sagt: »Alles okay? Mir gefällt's richtig gut« und singt mit. Warum nur male ich mir schon wieder verletzende Szenarien aus, anstatt den Moment zu genießen? Und eigentlich gefällt mir doch auch, was ich da gerade kreiert habe. Darauf möchte ich mich konzentrieren. Ich grinse Gazelle an, sage: »Danke, ich mag's auch.« Und spiele weiter.

PRONOMEN SIND AUCH NUR WÖRTER – UND WAS IST EIGENTLICH NICHT-BINÄR?!

Also: Du bist nicht-binär. Wie spreche ich dich denn jetzt an?

GIALU:

Genau, ich identifiziere mich als nicht-binär, und wenn du mit mir direkt sprichst, dann sagst du einfach »du« zu mir. Wenn du über mich sprichst, dann entweder mit dey/deren Pronomen oder er/ihn.

Oh, kannst du mir erklären, wie dey/deren Pronomen angewendet werden, bitte?

GIALU:

Ja klar, hier ein paar Beispiele: Gialu hat mir heute deren neuen Song gezeigt. Dey macht noch nicht so lange Musik und ich hab denen gesagt, dass ich mich freue, mehr zu hören.

Benutzen alle nicht-binären Menschen dey/deren-Pronomen?

GAZELLE:

Einige benutzen sie, aber nicht alle. Manche benutzen ganz andere Pronomen, manche benutzen die binären Pronomen sie/ihr oder er/ihm und manche wiederum benutzen statt Pronomen ihren Namen. Am besten ist es, wenn wir alle Menschen nach ihren Pronomen fragen, denn wir können sie ihnen nicht ansehen. Pronomen sind nicht an Geschlechtsidentitäten gebunden.

Das ist ganz schön kompliziert. Ah, ich hab immer so Angst, einen Fehler zu machen.

GIALU:

Verständlich, das kann am Anfang kompliziert sein, für uns war es auch ungewohnt. Mit ein bisschen Übung geht das aber. Und hey, Fehler passieren uns allen mal – entscheidend ist, wie wir damit umgehen, und dass unsere Absicht darin besteht, die richtigen Pronomen zu nutzen. Wenn ein Fehler (Misgendering) passiert, entschuldigen wir uns, korrigieren ihn und machen weiter.

Mir ist es unangenehm, nach den Pronomen zu fragen – ich weiß gar nicht, wie ich das machen soll.

GAZELLE:

Die meisten Menschen werden sich freuen, wenn du nach ihren Pronomen fragst. Es ist verständlich, dass wir nicht alle Pronomen kennen, und das erwartet auch niemand von dir. Versuch's doch mal mit: »Könntest du mir bitte erklären, wie ich deine Pronomen richtig anwende?«

Okay, und was darf ich über Nicht-Binarität und Transidentität fragen und was nicht? Ich bin so neugierig.

GIALU:

Ich kann verstehen, dass du neugierig bist, aber es kann ganz schön verletzend und anstrengend sein, über das Privatleben ausgefragt zu werden, vielleicht sogar von Menschen, die ich nicht gut kenne. Fragen nach dem alten Namen, der Anzahl an Operationen, dem Genitalbereich, dem Sexleben oder dem Verhältnis zur Familie – das alles geht niemanden etwas an, und allein die Nachfrage kann anstrengend und verletzend sein und Dysphorie auslösen. Warum unterhältst du dich mit einer trans* Person nicht einfach über dieselben Dinge wie mit einer cis Person? Das Wetter, dein Lieblingsessen, deine Lieblingsorte in der Stadt? Und vielleicht seid ihr dann irgendwann auf einer Ebene, auf der ihr gern privatere Dinge miteinander teilen wollt. Wichtig ist, dass beide damit okay sind.

Das ist natürlich verständlich. Habt ihr vielleicht Tipps für mich, wie ich mich weiter informieren kann?

GAZELLE:

Klar. Du kannst zum Beispiel trans* Personen auf Instagram folgen. Achte hier nur drauf, dass der Content der Personen intersektional und international ist (also auch andere Diskriminierungsformen mitdenkt) und du nicht nur *weißen* trans* Personen folgst. Sich mit den Lebensrealitäten von trans* Personen of Color auseinanderzusetzen, ist unglaublich wichtig. Ebenso kannst du Bücher von trans* Personen kaufen oder ausleihen.

Super, danke euch für all die Infos! Darf ich dich dafür auf ein Eis einladen?

GAZELLE:

Oh ja, gern! Ein Pistazieneis wäre jetzt nice.

GAZELLE & GIALU

GET THE GENDER OUT OF THE BOHRER

GAZELLE

Schon immer fand ich das, was meine Mama tat, irgendwie cooler: Putzen, Staubsaugen, Kochen, Waschen – alles, was eben zur klassischen Hausarbeit gehörte. Nicht falsch verstehen: Selbst geholfen habe ich im Haushalt nie! Ich war sehr verwöhnt, und meine Mutter behielt die Kontrolle. Das war nicht »unser« Haushalt, sondern »ihrer«. Ihre Küche, ihre Waschmaschine, ihre Regeln. Bevor ich mit 19 auszog, bat ich sie, mir zu zeigen, wie sie wäscht oder kocht, damit ich etwas lernen könnte. Doch sie machte alles heimlich und ließ uns staunend darüber zurück, wie sie das Pensum eines ganzen Tages scheinbar mühelos bewältigte. Mein Vater hingegen forderte mich oft auf, ihm zu helfen. Als Dachdecker konnte er nicht nur mit Leitern und Ziegeln umgehen, sondern auch Fliesen legen, Wände spachteln und Rohre verlegen. In meinen Augen konnte er handwerklich alles und

»Ich sah mich als kleines, zartes Wesen, und so ein lauter, schwerer Bohrer? Das war nichts für mich.«

renovierte ganze Räume und Häuser selbst. Aber ich hatte einfach keine Lust darauf. Ich sah mich als kleines, zartes Wesen, und so ein lauter, schwerer Bohrer? Das war nichts für mich. Die Rollenverteilung bei uns zu Hause war klar: Papa bohrt das Loch, Mama hält den Staubsauger drunter. Am Ende des Tages brachte mir weder meine Mutter ihre Haushaltstricks bei, noch sah ich es ein, meinen Vater bei seiner schweren Arbeit zu supporten. Als ich also in meine erste eigene Wohnung zog, konnte ich mehr oder weniger: nichts.

Mit 30, nach einer unschönen Trennung, zog ich in eine neue Single-Wohnung. Mein Vater kam mir handwerklich zu Hilfe. Irgendetwas war anders an diesem Tag – vielleicht gab mir die Trennung einen Motivationsschub, vielleicht fühlte ich mich endlich alt genug, vielleicht war mein Vater einfach sanfter und zugänglicher geworden. Jedenfalls stand für mich fest: Heute bohre ich! Mein Vater zeigte mir, wie es richtig ging. Er reichte mir die Bohrmaschine (die wog gefühlt 30 Kilo!) und erklärte, worauf es ankam: Kraft, Präzision, Balance und Halt. Also bohrte ich mein erstes Loch in die Wand – und wow, was für ein Gefühl! Der Bohrer drang in die Wand, der Dübel passte perfekt, und als das Regal schließlich ordentlich festgeschraubt war: Hammer. Ich fühlte mich frei und stark: Endlich konnte ich Regale,

Garderoben und Schränke selbstständig anbringen, ohne Hilfe. Seltsam, dass mir das ein Gefühl von Männlichkeit vermittelte, oder? War es das Freiheitsgefühl? Die Kraft? Oder lag es an den Rollenbildern, mit denen ich aufgewachsen war: Männer bohren, Frauen eher nicht?

Vermutlich von allem ein bisschen.

Ich hatte mir das Bohren ehrlich gesagt nie zugetraut. Ich sah mich als die Person, die den Staubsauger hält, nicht den Bohrer. Ich dachte, ich wäre zu schwach und handwerklich unbegabt. Aber siehe da: Plötzlich konnte ich beides – den Staubsauger *und* den Bohrer halten.

Als Gialu und ich zusammenzogen und anfingen, Regale anzubringen, sagte Gialu: »Ich kann das nicht.« Also zeigte ich ihm, wie man mit der Bohrmaschine umgeht. Im ersten Moment fühlte sich das seltsam an: Wer ist denn jetzt der »männliche« Part in der Beziehung? Ich wusste längst, dass ich eine Frau bin, aber das Bohren fühlte sich so »männlich« an. Oder war es ein feministischer Akt, als Frau zu bohren? Na ja, das ist vielleicht etwas zu hoch gegriffen. Es sind ja nur Löcher in der Wand. Mir wurde klar, wie unnötig aufgeladen dieser Akt des Bohrens ist. Ich hatte diese schädlichen Rollenklischees verinnerlicht und es war Zeit, sie aufzubrechen. Warum verband ich das Bohren mit Männlichkeit? Ich war schließlich ein guter Beweis dafür, dass ich unabhängig von meinem Geschlecht bohren konnte. Gialu hatte den Umgang mit der Bohrmaschine schnell gelernt und übernahm das Dübeln. Ich war stolz auf Gialu und dankbar, dass er mit seinen starken Armen die Aufgabe meisterte. Tatsächlich hielten wir es beim Bohren ganz gut in Balance und dübelten jeweils gleich viele Löcher.

Bohren und Staubsaugen ist eben weder ausschließlich für Väter oder für Mütter, für Männer oder für Frauen, für zarte oder für starke Personen – Bohren ist einfach Bohren und Staubsaugen ist Staubsaugen. Etwas, das jede*r können darf.

GIALU

»Voll krass, dass du das so wahrgenommen hast. Ich fand es total attraktiv, dass du einfach Regale an die Wand bohren kannst?! Ich meine, wie cool ist das denn. Ich hab mich ein bisschen geschämt, dass ich es nicht konnte«, sage ich zu Gazelle, die mich verwundert ansieht: »Danke dir – aber warum hast du dich dafür geschämt?«

Im Gegensatz zu Gazelles Vater ist mein Vater noch nie besonders handwerklich begabt gewesen. Dafür ist er im Dorf bestens vernetzt und kennt immer jemanden, der helfen kann. Als Dank gibt es oft italienisches Olivenöl oder ein köstliches Gericht – meist Pasta –, das meine deutsche Mutter kocht. So war das bei uns im Dorf. Wenn etwas repariert werden muss, kümmert sich meine Mutter, aber für die »schwierigen« Dinge ruft meine Familie lieber jemanden, der sich auskennt – und das war in meiner Kindheit in 99,99 % der Fälle ein Mann. Meine Freundinnen und ich wurden damals oft mit Aussagen konfrontiert wie »Das musst du als Frau nicht können, das kann später dein Mann machen«. Solche Sätze fühlten sich für mich irgendwie falsch an, doch warum genau, konnte ich damals nicht sagen.

Jahre später war für mich klar: Wenn Gazelle und ich Regale bestellen, brauchen wir eine professionelle Person, die sie anbringt – in meinem Kopf entstand automatisch mein internalisiertes Bild: Ein Mann würde vorbeikommen. Als Gazelle dann souverän meinte: »Keine Sorge, ich bin Dachdeckertochter, ich mach das selbst«, musste ich erstmal schlucken. Sie, als Frau, will das machen? Sollte nicht eher ich die Person sein, die das übernimmt? Ich schüttelte den Kopf und erinnerte mich selbst daran: »Natürlich kann eine Frau genauso Regale anbohren wie ein Mann, Gialu.« Als die Regale ankamen, griff ich zum Staubsauger. Ich war beeindruckt davon, wie leicht Gazelle die Löcher in die Wand bohrte und sich dabei so gut auskannte. Ein bisschen neidisch war ich auch. Warum hatte mir das niemand beigebracht? Plötzlich wurde ich etwas wütend auf dieses binäre System und erinnerte mich zurück: Als Kind wollte ich nie wirklich kochen, Wäsche waschen oder putzen lernen, weil ich dachte, das seien »Frauensachen« – und ich wollte auf keinen Fall eine »typische« Frau sein. Mittlerweile finde ich Kochen richtig toll und frage meine Mama oft nach ihren Rezepten. Putzen und Wäsche waschen mag ich immer noch nicht besonders, aber das gehört eben dazu, und in einer Partnerschaft ist es mir wichtig, dass wir uns beide im Rahmen unsere Kapazitäten am Haushalt beteiligen. Gleichzeitig brachte mir als Kind niemand die Dinge bei, die »Männer« machten, weil ich als »Mädchen« doch angeblich kein Interesse daran haben würde – oder es nicht so gut wie »die Jungs« machen könnte. Was für ein Quatsch.

Ich seufzte und teilte meine Gedanken mit Gazelle, die dabei war, einen passendenden Dübel zu finden: »Irgendwie ist das doch total unnötig, dass wir Sachen wie Putzen, Kochen, Bohren oder Holzhacken auf Mann und Frau verteilen, oder? Wäre es nicht viel besser, wenn wir einfach bei allem die Grundkenntnisse lernen und dann schauen, was uns Spaß macht, und das intensiver machen?« Gazelle lächelte, während sie den passenden Dübel raussuchte, nickte und sagte: »Absolut! Genauso wie zum Beispiel diese Sätze: »Für eine Frau machst du das aber gut« oder »Wow, du machst *das, obwohl* du ein Mann bist?« Menschen machen einfach Dinge gut und gerne, unabhängig von ihrem Geschlecht.« Ich nickte, während ich den Staub am Boden zusammenkehrte. Nachdem Gazelle das nächste Loch gebohrt hatte, fragte sie mich noch einmal: »Willst du es nicht einfach mal versuchen? Ich bin mir sicher, dass du das hinkriegst.« Sofort schüttelte ich den Kopf und sagte: »Du machst das super, also mach du bitte weiter.« Doch innerlich war ich hin- und hergerissen. Da hatte ich gerade versucht, mich damit abzufinden, dass ich Bohren nicht können muss, um mich als »maskuline« Person zu fühlen – und dann fragte Gazelle noch einmal nach. In Wahrheit wollte ich Bohren unbedingt lernen, weil ich es als etwas Cooles empfand. Es war mir einfach unangenehm, um Hilfe zu bitten und zuzugeben, dass ich etwas nicht kann. Mein eigener Leistungsdruck stand mir mal wieder im Weg. Es war mir peinlich. Schließlich nahm ich all meinen Mut zusammen und sagte: »Okay, ich würde es doch gerne probieren. Aber lach mich nicht aus, falls ich es nicht hinkriege.« Ich spürte sofort, wie sich Gazelle für mich freute. »Natürlich lache ich dich nicht aus. Ich finds super, dass du es probieren willst!« Sie gab mir eine kurze Einführung. Ihr Vertrauen half mir, meine Nervosität abzulegen, und dann ging es auch schon los. Während ich bohrte, fühlte ich mich weder männlich noch weiblich noch androgyn – sondern einfach nur selbstständig und stark. Es war ein tolles Gefühl, meine Scham zu überwinden und etwas Neues zu lernen – etwas, das mir von der Gesellschaft nicht zugetraut wurde und das ich mir daher auch selbst nicht zutraute. Aber es war etwas, das ich schon immer können wollte, weil ich es einfach praktisch finde. Gleich danach rief ich stolz meine Eltern an und erzählte, dass ich jetzt bohren kann. Sie fanden es großartig, dass Gazelle mir das beigebracht hatte – und fragten direkt, ob sie es ihnen auch zeigen könnte, natürlich im Austausch für italienisches Olivenöl und eine Portion köstliche Pasta. Gazelle stimmte sofort zu.

Es war ein schöner Moment, der mir zeigte, dass es nicht darum geht, wer was können *sollte*, sondern darum, sich gegenseitig zu unterstützen, Neues zu lernen und stolz auf sich selbst zu sein – ganz egal, ob es sich um Dübel, Bohrer oder Kochrezepte handelt.

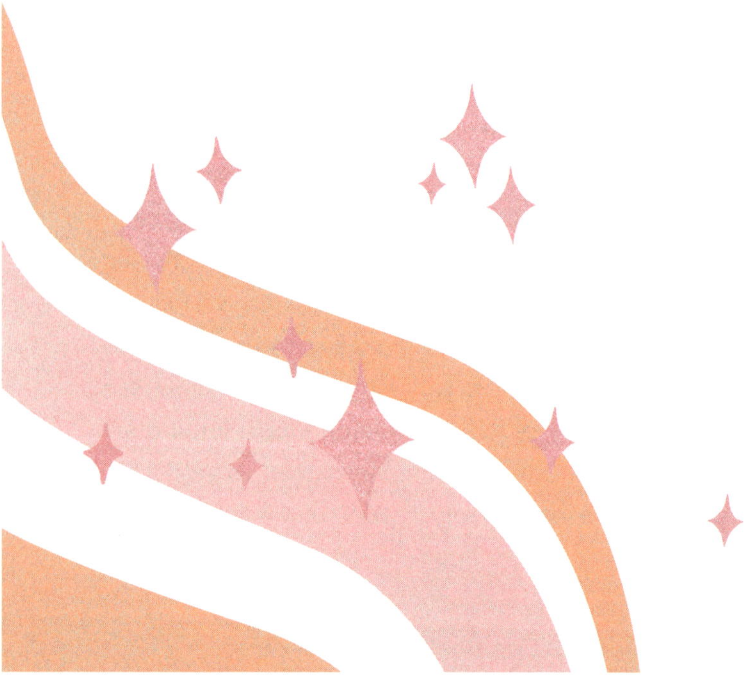

CHECK-INS – UND ANDERE BEZIEHUNGS-TIPPS VON UNS FÜR EUCH

Kleine Dinge, die wir in unserer Beziehung machen:

- Gemeinsame Dates und Offline-Time
  → Essen gehen, zusammen kochen, malen, Musik machen

- Dinge allein, aber nebeneinander machen
  → Nicht immer haben wir Lust auf dasselbe und das ist okay. So spielt Gazelle manchmal Pokémon, während Gialu am Klavier sitzt.

- Regelmäßige Check-Ins
  → Oft sind wir in Beziehungen verunsichert. Dagegen hilft, sich regelmäßig gegenseitig Rückversicherung zu geben und lieber einmal mehr Fragen zu stellen wie:

  Liebst du mich?
  Willst du mit mir zusammen sein?
  Findest du mich attraktiv?
  Ist alles okay zwischen uns?

- Davor fragen wir die jeweils andere Person, ob sie Zeit und Kapazitäten für einen Check-In hat.

Welche Check-Ins sind dir wichtig in einer zwischenmenschlichen Beziehung?

GAZELLE

IN GUTEM WIE IN SCHLECHTEM LICHT

»Ich finde mich einfach nicht schön«, sage ich sauer und blicke ernst in den großen Studiospiegel. »Baby, du siehst super aus.« Gialu versucht, mir gut zuzureden, aber annehmen kann ich es nicht. »Schau dir nur mein Gesicht an. Ich sehe aus wie ein Mann.« Wir shooten heute unser Foto für das Buchcover mit Sophia Emmerich – und ich habe einen schlechten Tag. Das hängt nicht unbedingt mit dem Fotoshooting selbst zusammen. Ich bin nervös: Noch sind nicht alle Kapitel fertig (wie zum Beispiel dieses hier, das ihr gerade lest), und trotzdem müssen wir uns schon auf ein Foto für die Pressearbeit im Vorfeld einigen.

Ich hatte mein Gesicht noch nie richtig gemocht. Meine Nase fand ich zu groß, meine Augen zu traurig, und als ich mit Anfang 30 meine Transition begann, hatte ich gleich das Bedürfnis, erste Augen- und Mundfältchen zu überschminken. Das müssen andere trans Girls nicht, das ist unfair, dachte ich oft, und: Wie schön wäre es gewesen, schon in meinen Zwanzigern als Frau gelebt zu haben, statt die faltenfreie Zeit in diesem für mich unpassenden männlichen Selbst verbracht zu haben.

»Dein Make-up sieht super aus, hast du das selbst gemacht?«, fragt Gialu, um mich aufzumuntern. Es funktioniert nur so halb. »Ja, aber ich mag mein Make-up heute nicht. Meine Falten sind zu sehen, der Lippenstift ist seltsam aufgetragen und ich finde, irgendwie sehe ich schläfrig aus.« »Ach, hier ist nur das Licht schlecht«, sagt Gialu. Ich atme tief aus. An Tagen wie diesen bin ich besonders streng mit mir.

Meine Dysphorie ist einfach zu groß.

Oft wird gesagt, dass trans* Personen »im falschen Körper« geboren werden. Ich persönlich spreche lieber davon, dass ich in einem absolut richtigen Körper geboren wurde – bloß sehen einige Teile davon im Spiegel nicht so aus, wie ich mich selbst in meinem Kopf sehe. Das gilt auch für mein Gesicht. Jede Person sollte über ihren Körper aber so sprechen, wie es für sie richtig ist.

Make-up zu benutzen, lernte ich mit Anfang 30 von einer Drag Queen, was für mich total Sinn ergab. Drag Queens stellen auf eine bewusst überzogene Art weibliche Stereotypen und Rollenklischess auf künstlerische Weise dar. Drag Make-up spielt hier eine besondere Rolle, da es »männliche« Gesichtszüge kaschiert und »weibliche« hervorhebt oder neu aufzeichnet. Natürlich ist Drag insgesamt noch viel mehr und extrem vielseitig, und es gibt nicht nur Drag Queens, sondern zum Beispiel auch Drag Kings oder genderfluide Drags.

Freund*innen schenkten mir einen Make-up-Kurs bei einer Drag Queen, und ich lernte mein Gesicht neu kennen. Zu der Zeit schaute ich gern *RuPaul's Drag Race* – das ist eine heftig queere Wettbewerbs-Show mit Drag Queens. Die meisten Teilnehmer*innen sind schwul, bi und/oder trans*. Vom Host RuPaul lernte ich: »We are all born naked, and the rest is drag.« Ich verstehe das so: Wir alle entscheiden uns täglich für eine Gender Performance. Wir wählen täglich »Männer-Drag« oder »Frauen-Drag«. Einige entscheiden sich womöglich bewusst, mit diesen Klischees zu spielen, oder mögen beides oder alles oder gar nichts von alledem. Denk mal drüber nach: Trägst du eigentlich wirklich die Kleidung, die dir gefällt, oder trägst du bestimmte

»Denk mal drüber nach: Trägst du eigentlich wirklich die Kleidung, die dir gefällt?«

Kleidung nur, weil du Erwartungen erfüllen möchtest oder weil von dir erwartet wird, dich auf eine bestimmte Art zu kleiden? Dasselbe gilt für Make-up. Was genau sollen eigentlich »maskuline« und »feminine« Gesichtszüge sein? Es gibt Frauen mit größeren Nasen, Frauen mit kleineren Nasen, mit höherer oder niedrigerer Stirn. Männer mit breitem oder mit schmalem Kinn. Dasselbe gilt für nicht-binäre oder agender Menschen – für jeden Menschen. Je mehr ich darüber nachdenke, desto schwerer fällt mir zu verstehen, was »feminines« oder »maskulines« Make-up, was »feminine« oder »maskuline« Kleidung überhaupt sein sollen.

Für mich bedeutete Make-up damals noch: viele Pinsel, winzige Veränderungen, viele englische Begriffe und viele Lagen für wenig Effekt. Ich war überfordert. Am Ende des Drag-Make-up-Kurses setzte ich eine Perücke auf und war selbst eine Drag Queen. Fühlte ich mich feminin? Irgendwie schon, aber es war immer noch eher eine Verkleidung. Trotzdem wurde Make-up für mich lange Zeit sehr wichtig, vor allem, um den Bart zu überdecken. Da ich viel von Drag Queens gelernt hatte und meine Skills noch ausbaufähig waren, fiel mein Make-up oft üppig und auffällig aus. Ich mochte das so. Aber ich war schockiert, wie im Büro manchmal über das Make-up anderer Frauen gesprochen wurde: »Die Christel trägt schon wieder so viel Make-up. Fürs Büro! Lächerlich. Was die wohl zu verstecken hat.« Ich fand das schrecklich. Erstens, wie misogyn überhaupt über Frauen geurteilt wurde, und zweitens, was die anderen wohl über mich sagten. Im Vergleich zu anderen Frauen schminkte ich mich eher wie eine Drag Queen. Menschen sollten sich so schminken dürfen, wie sie wollen, ohne dafür abfällige Kommentare zu erhalten. Und außerdem:

DAS MAKE-UP VON DRAG QUEENS FINDE ICH TOTAL NICE.

Inzwischen haben die Hormone mein Gesicht weicher werden lassen, und der Bart ist komplett weggelasert. An vielen Tagen mag ich mich ohne oder mit wenig Make-up am liebsten. Für Shootings werde ich aber meistens geschminkt, und auch für das Buchcover entschied ich mich für mehr Make-up.

Ich öffne meine Augen. »Wir versuchen es, ich kann mein Gesicht jetzt ja eh nicht ändern.« Ich gehe ans Set, das Sophia für uns aufgebaut hat, setze mich auf den Stuhl und versuche, mich zu entspannen und meine Selbstzweifel ziehen zu lassen. »Los geht's«, ruft Sophia und schießt die ersten Bilder. Ich lenke meinen Kopf in die Positionen, die ich von mir auf Bildern mag. Sanft lächelnd nehme ich meine Hand ans Kinn, ganz locker. »Sehr gut, super. Komm noch etwas nach vorn.« Sophia zieht den Stuhl mehr ins Sonnenlicht und wir machen weiter Fotos. Gialu sieht zu und ruft: »Super siehst du aus! Richtig schön!« Nach fünf Minuten setzt Sophia die Kamera ab. »Schau mal, ob da was dabei ist.« Auf dem Laptop sehen wir meine Portraits an. »Ist da ein Filter drauf?«, frage ich verwundert. »Nee«, sagt Sophia. Auf den Bildern sehe ich einen wirklich schönen Menschen mit liebevollem Lächeln und toller Ausstrahlung. Die Sonne zaubert funkelnde Augen. Ich bin so erleichtert.

ICH BIN SCHÖN, ECHT, SO, WIE ICH BIN.

»Weißt du, Gazelle, ich mag deine Falten«, sagt Gialu immer. Und Gialu gefallen auch mein Make-up, meine Nase und meine Augen – genau so, wie sie sind. Dass ein Gesicht mit fortschreitendem Alter etwas müder und faltiger wird, ist ganz natürlich. Und es ist Ageism, also Diskriminierung aufgrund des Alters, wenn wir Falten als unästhetisch und weniger erstrebenswert oder weniger schön bezeichnen. Falten sind schön! Gesichter jeden Alters sind schön! Und auch mein Make-up gehört zu mir. Es erzählt die Geschichte meiner Transition, wie ich mein Gesicht sehe und was davon ich zeigen möchte und was nicht.

»Krass, ich sehe wirklich schön aus!«, sage ich ungläubig. Sophia und Gialu nicken zustimmend. »Aber wen habe ich denn dann eben im Spiegel gesehen?«

»Keine Ahnung«, sagt Gialu sofort. »Dysphorie ist eben einfach real. Wir sind immer am strengsten mit uns selbst. Wenn ich dich auf den Bildern sehe, sehe ich einfach Gazelle. Ich finde dich unheimlich hübsch, aber vor allem sehe ich eine liebevolle Person, die herzlich und fürsorglich ist, die hinter ihren Werten steht und deshalb einfach krass ist – und genau das strahlst du aus!«

Ich lächele und blinzele in die Sonne. Das Licht steht gut. Und in diesem Augenblick fühle ich jedes einzelne von Gialus Worten.

SAY IT OUT LOUD!

Wir versuchen, uns diese Sätze täglich zu sagen – vielleicht sind sie auch etwas für dich.

- Ich bin gut so, wie ich bin
- Ich verdiene Liebe von mir selbst und von anderen
- Ich nehme mir Zeit für mich selbst
- Ich bin hot/sexy/toll/schlau/schön/attraktiv
- Ich umgebe mich mit Menschen, die mir guttun

Was möchtest du dir jeden Tag sagen?

TIPP:

Wenn dir so etwas wie »Ich liebe mich selbst« schwer über die Lippen geht, versuche es doch mal mit: »Ich *lerne/ versuche,* mich selbst zu lieben.«

Nimm dir die Zeit, die du brauchst. Wir glauben an dich.

GIALU

IT'S OKAY NOT TO BE OKAY

CN: Selbstverletzung, Essstörung, Suizidgedanken, Panikattacken

Letzte Woche Sonntag, 14 Uhr: Draußen scheint die Sonne, doch ich liege unter meiner Decke verkrochen im Bett, fühle mich leer und scrolle endlos durch Content auf meinem Handy. Gazelle setzt sich neben mich und streichelt mir sanft über den Rücken. »Möchtest du reden?«, fragt sie, und ich höre, wie besorgt sie ist. Doch ich kann einfach nicht mehr, will nur allein sein, habe keine Energie, mich zu erklären, und schäme mich gleichzeitig dafür, dass ich hier so liege. »Nein, danke«, sage ich leise. Die letzten Monate sind auf vielen Ebenen stressig und nervenaufreibend gewesen – Familienprobleme, »Klarkommen« mit meiner Autismus- und ADHS-Diagnose, Herausforderungen bei der Arbeit, Weltschmerz und jede Menge private Veränderungen haben in mir das Gefühl ausgelöst, nichts richtig zu machen und in ein Loch zu fallen. Auf Social Media vergleiche ich mich nur noch mit anderen und lese die hasserfüllten Kommentare viel zu oft durch. Es ist wie eine Abwärtsspirale, und da ist diese Stimme in meinem Kopf, die mir wieder mal zuflüstert: Mehr hast du nicht verdient.

WAS HAT DAS ALLES ÜBERHAUPT NOCH FÜR EINEN SINN?

Als Teenager litt ich etwa drei Jahre lang an starken Depressionen und hatte Angst, mit jemandem darüber zu sprechen. Mit etwa 14 oder 15 nahm ich einmal all meinen Mut zusammen und wandte mich anonym an einen Psychologen, der an unserer Schule zu Besuch war. Ich schrieb ihm eine E-Mail und erzählte, wie es mir ging. Seine Antwort war eindeutig: Er riet mir dringend, mit meinen Eltern zu sprechen, da eine Therapie notwendig sei, aber dies nur mit deren Zustimmung möglich wäre. Mit dieser E-Mail verschwand jede Hoffnung, dass mir jemand helfen könnte. Es war keine Option für mich, mit meinen Eltern darüber zu sprechen, und ich wünschte, ich hätte eine andere Möglichkeit gekannt, um als minderjährige Person Hilfe zu erhalten. Ich schämte mich zu sehr für meine Gedanken und mein Sein.

»Als Teenager litt ich etwa drei Jahre lang an starken Depressionen und hatte Angst, mit jemandem darüber zu sprechen.«

Zudem wollte ich meinen Eltern nicht das Gefühl geben, dass sie etwas falsch gemacht hätten. Was, wenn sie mich nicht mehr mit denselben Augen sehen würden? Ich dachte an all die Dinge, die ich ihnen verschwieg: Dass ich mich nachts selbst verletzte und deswegen nur noch langärmelige Kleidung trug. Dass ich nicht mehr leben wollte und mir oft ausmalte, wie ich mein Leben beenden könnte. Diese Gedanken quälten mich, und ich fühlte mich wertlos. Niemanden damit belasten zu wollen, erst recht nicht die Menschen, die mir viel bedeuteten, verstärkte meine Isolation. Hinzu kam, dass in meinem Umfeld abwertend über Therapie gesprochen wurde. Therapie, so hieß es, sei nur etwas für »komische« Menschen, die einem »leidtun«. Außerdem würde es sowieso nichts bringen, und die Leute sollten sich einfach nicht »so anstellen«. Auch kam die Frage auf, wie eine Person, die nicht mal volljährig war, überhaupt schon mentale Probleme haben konnte? Diese Vorurteile und Falschaussagen machten es mir noch schwerer, um Hilfe zu bitten.

Als ich mit 18 wegen meines Studiums nach Hamburg zog, wurde es langsam besser. Es war ein neues Kapitel. In den folgenden Jahren reflektierte ich viel, las Bücher, schaute Dokumentationen und informierte mich online über mentale Gesundheit. Mittlerweile hatte ich einen Freund*innenkreis, in dem viel offener über Probleme gesprochen wurde –

es musste nicht immer »alles gut« sein. Das war wichtig für mich, denn ich lernte, dass es okay ist, zu sagen, wenn es mir nicht gut geht. Die Menschen, die mich wirklich mochten, taten das auch an schlechten Tagen, und wir versuchten, füreinander da zu sein. Trotz dieser Fortschritte blieb meine Essstörung, die sich in den Teenagerjahren entwickelt hatte, bestehen. Sie war anders als früher, und ich versuchte, sie mir schönzureden: »Es ist ja nicht mehr ganz so schlimm wie damals.« Der Gedanke an Therapie schreckte mich weiterhin ab, und ich redete mir ein, dass ich da alleine durchmüsste. Zudem dachte ich, keine Therapie »verdient« zu haben.

Ein paar Jahre später in Berlin hatte ich dann Freund*innen, die sehr offen über Therapie sprachen und sogar selbst eine machten oder schon gemacht hatten. Zum ersten Mal traf ich auf Menschen wie meine Freundin Vika (sie/ihr), die offen über ihre vergangene Essstörung redete. Die Gespräche über Depressionen, Essstörungen und mentale Probleme fielen mir am Anfang alles andere als leicht. Es war neu für mich und ich merkte, wie ich mit den internalisierten Gedanken aus meiner Teenagerzeit zu kämpfen hatte. Ich freute mich, dass Therapie meinen Freund*innen geholfen hatte, doch als sie mir vorschlugen, mich ebenfalls nach einem Therapieplatz umzusehen, lehnte ich ab. Einerseits wollte ich den mühsamen Prozess der Platzsuche nicht auf mich nehmen, aber vor allem schämte ich mich noch immer. Ich wollte keine

Therapie »brauchen«, denn das hätte für mich bedeutet, dass ich schwach war. Außerdem, dachte ich, ging es mir ja immerhin »besser« als früher. Meine Essstörung kam »nur« noch in Wellen, die belastenden Gedanken ebenso und das selbstverletzende Verhalten war kaum noch vorhanden. Wie gesagt: Ich redete mir ein, keine Hilfe zu brauchen, und dass alles okay sei, wie es war.

DOCH DAS WAR ES NICHT.

Im Rückblick ist mir klar, dass ich nur versucht habe, viele Emotionen und Gedanken zu verdrängen. Die Wunde war immer noch da – ich hatte mich einfach an den Schmerz gewöhnt und ein Pflaster darüber geklebt, das ich immer wieder erneuern musste. Um zu verdrängen und zu vergessen, griff ich zu Alkohol und Zigaretten – vor allem auf öffentlichen Veranstaltungen. Sie gaben mir auf eine toxische und gefährliche Weise das Gefühl, lockerer zu sein und die Person spielen zu können, die ich dachte sein zu wollen. Alkohol und Zigaretten ließen mich aber vor allem schwach und unwohl in meinem Körper fühlen.

An einem Tag im Dezember machte ich mich fertig, um zu einem Geburtstag zu gehen. Die letzten vier Monate hatte ich keinen einzigen Tag komplett zu Hause verbracht oder entspannt. Entweder hatte ich gearbeitet, exzessiv Sport gemacht

»Kurz bevor ich losmusste, traf mich plötzlich eine unsichtbare Welle.«

oder mich mit Freund*innen getroffen, und zu wenig gegessen, um genug Energie zu haben. Ich wollte nichts verpassen – und vor allem aber vor einem Teil von mir selbst weglaufen. Kurz bevor ich losmusste, traf mich plötzlich eine unsichtbare Welle. Mein ganzer Körper begann zu zittern, mir wurde übel und abwechselnd heiß und kalt. Alles drehte sich und ich brach auf dem Küchenboden zusammen. Nicht alles ist klar in meiner Erinnerung, aber irgendwie schaffte ich es, in mein Bett zu kriechen. Mit letzter Kraft schrieb ich meinen Bekannten, dass ich es leider nicht zum Geburtstag schaffen würde, da es mir nicht gut ging – absolute Untertreibung. Ich hatte panische Angst und fühlte Schmerzen in meinem ganzen Körper. Der Gedanke, ins Krankenhaus zu müssen, schoss mir durch den Kopf. Ich rief mein Geschwister, meine Eltern und zwei Freund*innen an. Selbst in diesem Moment fiel es mir schwer, darüber zu reden. Mein Geschwister kam sofort bei mir vorbei, setzte sich zu mir und wir riefen den Notdienst an. Die Ärztin am Telefon meinte, es handle sich wahrscheinlich um eine Panikattacke, und das Einzige, was ich tun könne, sei, mich auszuruhen. Das Zittern und die Schmerzen hielten noch zwei Stunden an, bevor es langsam besser wurde. In den Folgetagen fühlte ich mich immer noch schlapp und blieb zu Hause. Ich wusste, dass sich etwas ändern musste. Also begann ich, online nach Therapieplätzen zu suchen. Die

Wartelisten waren endlos, und ich wurde wütend auf das Gesundheitssystem. Wie konnte es sein, dass es so schwierig war, selbst in akuten Situationen Hilfe zu bekommen? Aus Angst, nochmal so eine Attacke zu erleben, und weil ich die finanziellen Mittel hatte, entschied ich mich, privat für ein paar akute Therapiesitzungen zu zahlen – zumindest, bis ich einen festen Platz in Aussicht hatte oder wenigstens erste Hilfestellungen erhalten konnte.

Heute habe ich seit längerer Zeit einen festen Therapieplatz und gehe einmal die Woche hin. Vor der ersten Sitzung war ich sehr nervös und hatte immer noch mit meinen internalisierten Gedanken zu kämpfen. Doch mittlerweile versuche ich, meine Denkmuster umzuprogrammieren: Ich bin dankbar, dass ich Hilfe bekomme, und ich bin dankbar, dass es Menschen wie Vika gibt, die offen mit mir über psychische Erkrankungen sprechen. Ich lernte, dass Ängste und Sorgen zu haben, keine Schwäche von mir ist, sondern es zeigt Stärke, wenn ich darüber rede. Meine Scham gegenüber mentalen Problemen habe ich größtenteils abgelegt, und ich merke, wie gut es mir tut, offener darüber zu reden. Die Panikattacken sind seltener geworden, meine Essstörung hat sich verbessert, und auch meine allgemeinen Gedanken sind lebensfroher. Ich habe Verhaltensweisen gefunden, die mir helfen. Zum Beispiel trinke ich seit Januar 2022 keinen Alkohol mehr und habe aufgehört zu rauchen. Wenn es mir nicht gut geht, versuche ich, das nicht zu verdrängen, sondern auszusprechen und zu fühlen. Alle Emotionen sind valide und ich muss sie meist durchleben, um sie verarbeiten zu können. Anschließend versuche ich etwas zu machen, das mir Freude bereitet – wie Gitarre spielen oder einen Spaziergang machen, auch wenn ich mich manchmal zuerst dagegen sträube. Ein *Mental Health Walk* löst definitiv nicht meine Probleme, aber er kann immerhin ein wenig helfen. Vor allem habe ich gelernt, mir und meinem Körper Pausen zu gönnen, und wie wichtig es ist, sie mir auch wirklich zu nehmen. Obwohl ich oft noch das Gefühl habe, meine Zeit zu verschwenden, weiß ich, dass mein Körper diese Pausen braucht, um weiter »funktionieren« zu können. Manchmal wünsche ich mir, ich hätte mir früher Hilfe gesucht oder sie angeboten bekommen, doch das ist nicht mehr zu ändern. Wenigstens passiert es jetzt – es ist nie zu spät. Ich bin stolz darauf, dass ich offener darüber spreche und Hilfe aktiver einfordere und auch annehme. Meine psychischen Probleme verschwinden nicht einfach von heute auf morgen. Es gibt Tage, an denen es leichter ist, und dann wieder Tage, an denen es mir schwerer fällt.

DOCH HEUTE HABE ICH UNTERSTÜTZUNG UND KANN MIR SELBST BESSER HELFEN.

Gazelle stellt ein Glas Wasser und einen Teller voller Snacks neben mir ab und fragt nochmal sanft, ob ich darüber reden möchte, was mir gerade durch den Kopf geht. Keine Reaktion meinerseits. Dann fragt sie: »Und wie wäre es mit einer Umarmung? Ich kann einfach bei dir bleiben, wenn du willst.« Leicht beschämt nicke ich und spüre sofort, wie ihre Umarmung mich ein wenig besser fühlen lässt. Wir liegen still im Bett. Ich in ihrem Arm, bis sich mein Atem beruhigt und ich endlich die Kraft habe, zu erzählen, wie es mir geht und was los ist. Gazelle hört zu, nickt verständnisvoll und gibt mir den Raum, einfach alles rauszulassen. »Das ist wirklich viel. Voll verständlich, dass du überfordert bist. Wir kriegen das zusammen hin. Möchtest du jetzt schon Lösungsvorschläge, Bestätigung oder Check-In-Fragen, oder lieber erst später? I love you und ich bin für dich da, sag mir einfach, was du brauchst.«

Ich habe gelernt, dass mentale Gesundheit ein Prozess ist, und das ist okay. Psychische Probleme sind real, und es ist wichtig, darüber zu sprechen und aufzuklären. Jeder Mensch verdient Unterstützung, und unser Gesundheitssystem muss in der Lage sein, diese schnell und wirksam zu leisten. Ich denke, dass hierfür ein grundlegender Wandel oder sogar ein ganz neues System hermüsste. Für mein jüngeres Ich hätte ich mir mehr selbstbestimmte Hilfe gewünscht. Und ich bin ihm unglaublich dankbar, dass es weitergemacht

»Wir liegen still im Bett. Ich in ihrem Arm, bis sich mein Atem beruhigt und ich endlich die Kraft habe, zu erzählen, wie es mir geht und was los ist.«

hat, dass ich all die weiteren Momente in meinem Leben erleben durfte. Als 13-jähriges Kind hätte ich nie gedacht, dass diese dunklen Gedanken jemals nachlassen würden. Ich war überzeugt, nicht älter als 18 zu werden und für immer allein mit meinen Gedanken zu bleiben. Doch jetzt sitze ich hier, bin 25 Jahre alt und teile die Gedanken mit dir – in der Hoffnung, dass sie dir vielleicht helfen zu wissen:

DU BIST NICHT ALLEIN.

SELBSTLIEBE

Gazelle und Gialu, was macht ihr, um euch selbst Liebe zu schenken?

GIALU:

Immer vor oder nach der Therapie gönne ich mir etwas Süßes in der Bäckerei. Außerdem versuche ich, mir jeden Tag etwas Nettes zu sagen – meistens vor dem Spiegel.

GAZELLE:

Wenn mein Körper mir ein Signal gibt – meist sind es Kopfschmerzen oder eine verstopfte Nase –, dann höre ich darauf und versuche, mir Ruhe zu gönnen. Couch, Tee und fertig ist der Tag. Das fällt mir nicht immer leicht, doch ich versuche, zu lernen und zu akzeptieren, dass mein Körper das braucht. Das ist okay und wichtig.

WAS MACHST DU, UM DIR SELBST LIEBE ZU SCHENKEN?

Gialu und Gazelle, was macht ihr, wenn euch alles zu viel wird?

GIALU:

Ich versuche, mein Handy wegzulegen, meinen Emotionen Raum zu geben und sie dann mit einem Spaziergang, Musik und vor allem in Gesprächen mit Vertrauenspersonen zu verarbeiten. Das klappt mal besser und mal nicht so gut …

GAZELLE:

Ich spiele Pokémon und tauche ab in eine Welt, die nichts mit meinem Alltag zu tun hat. Das beruhigt mich und lenkt mich für eine Weile ab.

WAS MACHST DU, WENN DIR ALLES ZU VIEL WIRD?

Bitte beachte, dass dies nur eine Auswahl an möglichen Hilfestellen ist.

Queermed: *queermed.de*

Hier findest du eine Übersicht queerfreundlicher Ärzt*innen basierend auf persönlichen Erfahrungen

Lambda: *lambda-online.de*
Ein Verein für junge queere Menschen in jeder Lebenssituation

Casa Kuà (Berlin): *instagram.com/casakua*
Gesundheitszentrum für trans*, inter- und queer Community

Deutsche Gesellschaft für Trans*identität und Inter*geschlechtlichkeit: *dgti.org*

HILFENUMMERN UND CO:

Unter den Rufnummern 0800 1110111 und 0800 1110222 bekommen Erkrankte und Angehörige Soforthilfe. Die Hotline ist täglich 24 Stunden erreichbar, anonym und kostenlos. Die Telefonseelsorge bietet auch Mail-, Chat- und Vor-Ort-Beratungen an.

GAZELLE

MACHT DER MOND-NEBEL, MACHT AUF!

»Macht der Mondnebel, macht auf!«, ruft Bunny entschieden, während ihr Körper in allen Farben des Universums schimmert. Sie dreht sich in einem Meer aus Seifenblasen und schließt die Augen. Rote Bänder legen sich mit grazilen Bewegungen um ihre Hände, Beine und ihren Oberkörper. Schimmernde Monde rotieren um sie, als sie mit einer letzten Drehung in die finale Pose gleitet und ihre strahlend blauen Augen öffnet. Da steht sie: Sailor Moon, die Kämpferin für Liebe und Gerechtigkeit. – So habe ich mir vorgestellt, würde es aussehen, wenn ich mich zum ersten Mal mit Östrogen eincreme. Ein Ruck der »Femininität«, eine zärtliche Kraft, die mich durchfährt. Aber guess what: Es passierte erst einmal gefühlt gar nichts. Denn die physische Transition, also die Hormonersatztherapie, ist eine eher schleichende und wenig glamouröse Angelegenheit.

Zunächst zeigte es sich zögerlich, und dann überkam es mich mit einem großen Knall: Ich fühlte! Verliebtheit, Freude,

Glück, Zärtlichkeit – alles intensiver als je zuvor. Aber ich fühlte auch Trauer, Unsicherheit, Ängste, Zorn und Frustration. Es war, als hätte ich mein Leben lang auf Sparflamme gelebt, nur die halbe Bandbreite der Emotionen gekannt und bislang alles gut weggesteckt. In meiner männlichen Sozialisierung hatte ich gelernt, eher nicht über Gefühle zu sprechen und mich zusammenzureißen. In meiner Jugend saß ich oft in meinem Zimmer und weinte lieber für mich, statt meine Gefühle zu teilen. Viele Jahre lang wurde ich ausgegrenzt und war mit meinen Emotionen alleine. Das verstand ich erst im Nachhinein.

Jetzt fühlte ich alles so intensiv, dass ich es nicht mehr verbergen konnte – und das fühlte sich gut an. Ich nahm meine Gefühle an, und plötzlich ergab vieles, was ich bei Sailor Moon gesehen hatte, so viel Sinn: nach den eigenen Gefühlen handeln, die Sorgen der Freund*innen und anderer Menschen sehen, verstehen und mit Empathie und Liebe darauf reagieren. Ich hatte das Gefühl, ein kleines Stück näher zu sein an dem, was ich als meine Femininität verstand. Eine Sailor-Kriegerin bin ich aber auch schon vorher gewesen. Ich meine – ich war eine 34-jährige geschiedene trans Frau in ihrer zweiten Karriere. Ich hatte vermutlich schon mehr Menschen in meinem Bürojob als Personalerin eingestellt als die Caster*innen von *Grey's Anatomy* in zwanzig Staffeln Krankenhausserie (Ironie). Ich hatte im Ausland gelebt, zahlreiche Umzüge gemeistert, einen Bachelor of Arts gemacht, war verheiratet, geschieden und hatte wieder zu mir gefunden aus einer »Jetzt kommt sicher nichts mehr«-Phase, um mit Anfang 30 mein Coming-out als trans Frau zu haben. Als erstes Kind in meiner Familie, das Abitur gemacht und studiert hatte, fühlte ich mich manchmal einsam, aber ich kam gut alleine zurecht. Ich hatte immer irgendwie die Kontrolle über mein Leben, schaffte alles, was ich wollte – wie eine Sailor-Kriegerin, und ich schaffte es alleine.

Irgendwann freute ich mich auf Social Media über immer mehr Follower*innen und eine stetig wachsende Reichweite. Ich hatte noch meinen Bürojob, während ich abends und am Wochenende auf Events unterwegs war, Netzwerke knüpfte, bis zu zwei Videos pro Tag veröffentlichte und meine ersten Kampagnen drehte. Ich nahm alles an, was reinkam – aus Angst, der Erfolg könnte abbrechen. Im August 2023 startete ich in die Selbstständigkeit, tauschte den Büro-Rhythmus gegen den dynamischen und aufregenden Job einer Content Creatorin ein – und fühlte mich oft gestresst. Die Unsicherheiten: Steuerberatung, eigene Versicherung, Projekte ohne Gewissheit, ob im nächsten Monat noch etwas kommt. Das war ich nicht gewohnt. Ich musste Kontrolle abgeben. Ich hatte den Schritt gewagt, Vollzeit als Content Creatorin zu arbeiten – doch was, wenn das nicht klappte? Was, wenn ich mich und alle anderen enttäuschen würde? Doch der Zuspruch wurde immer größer, und ich erlebte eine überwältigende Pride-Season. So viele Menschen kamen auf mich zu und feierten meinen Content und meine Arbeit. Das war wunderschön, und ich bin bis heute extrem dankbar für den Support aus der Community. Gleichzeitig nahmen die queer- und transfeindlichen Nachrichten zu. Hassnachrichten häuften sich, und im Internet kursierten immer mehr falsche Geschichten über mich. All das konnte ich nicht kontrollieren, und es berührte und verletzte mich auf verschiedenen Ebenen. Leider hatte ich kaum Zeit, meine Emotionen und Erlebnisse zu verarbeiten, und fand mich regelmäßig weinend in den Badezimmern von Hotels in Hamburg oder Köln wieder. Es war einfach alles zu viel. Aber ich wollte nicht aufgeben. Im Gegenteil: Ich wollte fitter und besser sein. Jeden Abend machte ich meinen Sport, lernte den Spagat, stellte meine Ernährung um. Ich wollte mir und allen anderen beweisen, dass ich es schaffe – alleine.

In vermeintlichen Phasen der Ruhe meldete sich mein Körper mit seltsamen Symptomen. Erst fühlte es sich wie eine Grippe an, mit drückenden Kopfschmerzen. Nichts Besonderes, dachte ich. Doch dann konnte ich nicht mehr richtig laufen, meine Füße nicht mehr voreinander setzen. Bald darauf konnte ich keinen Gedanken länger als eine Sekunde halten und schließlich nicht mehr richtig sprechen.

KNOCK-OUT. SHUTDOWN. GAME OVER.

»Du musst keinen Krankenwagen rufen«, versicherte ich Gialu immer wieder, als er drängte, dass es Zeit sei, zum Arzt zu gehen. Ich wollte nicht zulassen, dass Gialu sich zu sehr um mich kümmern musste. Das kriege ich alleine hin, dachte ich. Ich bin eine Kämpferin. Eines Morgens ließ ich mich dann doch zu einer Video-Sprechstunde überreden. Gialu musste für mich sprechen, ich konnte mich nicht mehr artikulieren. »Ja«, sagte die Person am anderen Ende, »sie sollte dringend ins Krankenhaus.« »Hörst du?«, sagte Gialu. Er stand auf, half mir in die Kleidung und brachte mich im Taxi ins Krankenhaus.

Sieben volle Tage verbrachte ich im Krankenhaus und musste komplett die Kontrolle abgeben. Bei der Aufnahme fragte ein Arzt, was ich denn hätte – da ich keinen geraden Satz rausbrachte, musste wieder Gialu für mich antworten. Er verbrachte die Nacht mit mir in der Notaufnahme, weil kein Zimmer frei war, brachte mir Kleidung und alles Nötige für den Aufenthalt. Er erklärte dem Personal, dass ich trans* bin und wie ich angesprochen werden sollte. Jeden Tag war Gialu da, um mir Gesellschaft zu leisten. Die Zeit im Krankenhaus war für mich sehr schwer. Obwohl das Pflegepersonal sein Bestes tat, damit ich mich wohlfühlte, wollte ich nur raus. Trotz meines Zustands wollte ich keine Hilfe, keine Pause. Was war mit meiner Arbeit, meinen Projekten? Ich wollte nicht, dass sich Leute Sorgen machten oder dachten, ich sei schwach oder unzuverlässig. Ich wollte doch alles schaffen.

»Frau Vollhase, Sie hatten Symptome, die auf einen Schlaganfall hindeuteten«, erklärte der Arzt. »Wir konnten aber nichts feststellen. Sobald Sie sich fit genug fühlen, können Sie wieder nach Hause.« »Meinen Sie, das hat was mit den Hormonen zu tun?«, fragte ich zögerlich. Doch der Arzt, meine Endokrinologin und meine Hausärztin waren sich einig: »Nein, damit hat das nichts zu tun.« Meine Hausärztin sah mich besorgt an: »Haben Sie viel Stress? Manchmal fällt es uns schwer, nein zu sagen und Pausen zu machen. Gönnen Sie sich Ruhe. Und lassen Sie sich bitte auch mal helfen.« Mir helfen lassen? Das war nichts, worin ich gut war. »Ich fühle mich wie eine Versagerin. Ich habe alle enttäuscht«, sagte ich schließlich zu Gialu und schaute auf den Boden. »Gazelle, du hast niemanden enttäuscht«, beruhigte mich Gialu. »Die letzten Monate waren einfach extrem stressig. Du hast viel erlebt, vieles hat sich verändert, und wir dürfen nicht vergessen, dass du immer noch frisch in der Hormonersatztherapie bist. Du brauchst Zeit, das zu verarbeiten.«

Mein Therapeut sagte einmal, dass ein Mensch im Durchschnitt maximal ein bis zwei große Veränderungen pro Jahr verkraftet – wie einen Umzug oder eine Trennung, eine Hochzeit oder ein Jobwechsel. Bei mir war so vieles auf einmal: neue Beziehung, Zusammenziehen, neuer Job, ein neues Leben mit der Hormonersatztherapie. Und ich hatte nicht oft genug um Hilfe gebeten oder sie angenommen. Bis heute lerne ich das. Wenn es mir nun schlecht geht, mache ich

Pausen. Ich lasse mich nach Hause fahren, lasse mir Essen kochen, frage, ob mir jemand Arbeit abnehmen kann. Ich sage Veranstaltungen ab und kommuniziere offen: »Hey, ich würde dich so gerne sehen, aber ich bin heute einfach zu erschöpft. Das hat nichts mit dir zu tun – ich brauche einfach eine Pause.« Ich höre auf meinen Körper, der oft sagt: Mach langsam. Ich atme tief ein und aus. Manchmal weine ich, laut oder leise. Oft sitzt Gialu neben mir und tröstet mich – und ich kann jetzt zulassen, getröstet zu werden. Ich fühle mich sicherer, meine Gefühle zu zeigen, und wohler mit den Menschen um mich herum.

»Kannst du mir bitte helfen?« geht mir immer noch schwer über die Lippen. Aber dann denke ich an Sailor Moon. Was ich lange vergessen hatte – Sailor Moon war nicht alleine. Sie hatte ihre Sailor-Krieger*innen, ihre Freund*innen. Auch Bunny musste den Kampf für Liebe und Gerechtigkeit nicht allein austragen. Und sie hat ja auch mal Pause gemacht und zu Hause mit ihrer Katze gechillt. Und mal abgesehen davon: Ich selbst helfe auch total gerne! Wenn meine Freund*innen um Unterstützung bitten, denke ich: Wie schön, dass du mich fragst! Ich helfe dir, weil du mir wichtig bist. So funktioniert das unter Sailor-Krieger*innen – wir unterstützen einander und müssen nicht allein kämpfen. Und gemeinsam sind wir viel stärker.

WIE UNTERSTÜTZE ICH MEINE TRANS*/NICHT-BINÄREN FREUND*INNEN?

Hey, Gazelle & Gialu, eine Person in meinem Umfeld hat sich als trans geoutet. Ich weiß nicht so ganz, wie ich damit umgehen soll. Es überfordert mich voll und eigentlich möchte ich sie nur unterstützen. Habt ihr Tipps für mich?*

GIALU:

Erstmal super, dass du die Person unterstützen möchtest, das ist schön zu hören. Die Basis ist, die richtigen Pronomen und Namen zu nutzen. Das braucht vielleicht ein bisschen Übung, aber das kriegst du hin. Wenn die Person über bestimmte Dinge nicht sprechen möchte, dann respektiere bitte auch das. Du könntest die Person direkt fragen, ob es etwas gibt, bei dem du sie unterstützen kannst, und/oder ob sie sich etwas Bestimmtes wünscht. Vielleicht möchte sie Begleitung bei einem Shopping-Trip oder Friseurbesuch haben. Außerdem ist es hilfreich, nachzufragen, ob die Person schon überall ihr Coming-out als trans* hatte, damit du weißt, wo und wie du über sie sprechen kannst. Hilfreich ist sicher auch, wenn du dich in das Thema einliest.

Gazelle:

Mir haben folgende Sätze geholfen, die Menschen zu mir gesagt haben: »Danke, dass du mir das anvertraut hast, ich liebe dich genau für die Person, die du bist, und freu mich, dich auf deinem Weg begleiten zu dürfen. Möchtest du noch weiter darüber reden oder kann ich dich irgendwie unterstützen?«, »Ich bin ehrlich, ich bin noch nicht so gut informiert. Hättest du vielleicht Artikel oder Account-Empfehlungen für mich, damit ich mich einlesen kann? Wäre es okay für dich, wenn ich dir Fragen dazu stelle?«. Statt »Das ist sicher nur eine Phase« – versuch's doch mal mit: »Möchtest du teilen, wie lang du dir schon Gedanken zu dem Thema machst?«

GIALU

HAARE

Ich grinste bis über beide Ohren, als ich mich im Spiegel sah. Meine brustlangen Haare hatte ich unter einer Mütze versteckt, und vorn schauten ein paar Haare raus, die einen Pony imitierten. Ich sah ein wenig so aus wie die Boy-Sänger, die ich toll fand: JB und Shawn Mendes. Mein Selbstbewusstsein stieg, und ich probierte ein paar der Posen aus, die ich aus den Jugendzeitschriften kannte – die Arme lässig gekreuzt, eine Drehung, dann streckte ich meinen Arm in die imaginäre Menschenmenge. Das Publikum jubelte, und alle fanden mich toll, so, wie ich war. Doch ein Blick in den Spiegel ließ das Lachen verschwinden. Auf einmal kam ich mir lächerlich vor. Schließlich war ich ein 12-jähriges Mädchen und würde nie wie *sie* sein. Meine Haare abzuschneiden war keine Option – denn nachdem ich die Idee geäußert hatte, musste ich mir Kommentare anhören wie: »Dann siehst du aus wie eine ›Lesbe‹, und kein Junge oder Mann findet dich dann noch attraktiv.« Damals konnte ich die Aussagen nicht hinterfragen und als misogyn, queerfeindlich und sexistisch einordnen. Ich glaubte einfach, mein Umfeld wolle das

Beste für mich. Ich hinterfragte auch nicht, warum kurze Haare für Jungs und lange Haare für Mädchen sein sollten. Mit gesenktem Kopf versuchte ich, den aufsteigenden Selbsthass zu ertragen. Ich fühlte mich so falsch. Also nahm ich die Mütze ab, verkniff mir eine Träne, schluckte den Frust hinunter und ging auf mein Zimmer.

»Schaut mal – ich würde doch voll gut mit kurzen Haaren aussehen, oder?«, schrieb ich zu einem Foto von mir, nachdem ich einen Filter benutzt hatte, der mir einen Kurzhaarschnitt und einen Bart verpasste. Meine Freund*innen schrieben: »Haha, ja, du siehst aus wie dein Vater!« und »Das sieht echt gut aus«. Irgendwie hatte ich gehofft, sie würden sagen: »OMG, schneid dir unbedingt sofort die Haare kurz. Das bist einfach du.« Ich hatte Angst, den Schritt allein zu wagen. Statt an meiner Hausarbeit für die Uni zu schreiben, spielte ich weiter mit dem Filter und setzte ihn auf andere Fotos von mir. Ich war 21 Jahre alt, und Friseurbesuche ließen mich immer schlecht fühlen. Kein Langhaarschnitt gefiel mir an mir selbst, aber ich hatte Angst, dass kürzere Haare – und hier spreche ich von Schulterlänge – »zu kurz« sein könnten. Würde ich dann noch »schön« für andere aussehen? Würde ich dazugehören? Ich wollte nicht ausgegrenzt werden, wie in meiner gesamten Kindheit. Dieses Gefühl – für die Person, die ich bin, ausgegrenzt zu werden – war

> ***»Ich hatte Angst, dass kürzere Haare ›zu kurz‹ sein könnten. Würde ich dann noch ›schön‹ für andere aussehen?«***

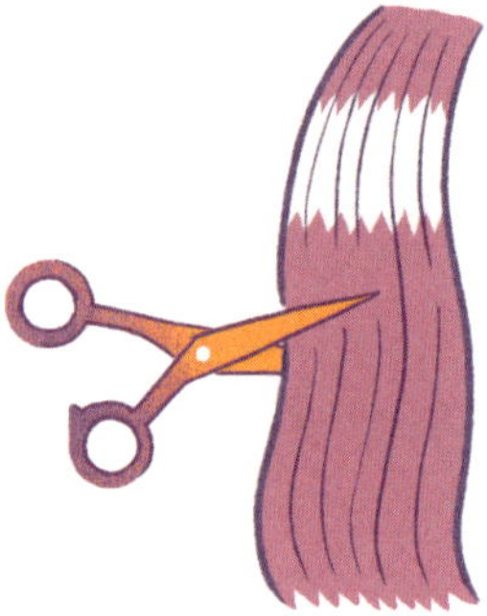

etwas, das ich nie wieder spüren wollte. Wenn der Preis dafür lange Haare und ein Körper waren, in dem ich mich unwohl fühlte, dann sollte es wohl so sein. Ich versuchte mir einzureden, dass ich meine Haare und mein Aussehen mochte, doch mein tiefster Wunsch war es, dass meine Familie und meine Freund*innen auf mich zukommen und sagen würden: »Hey, wir sehen, dass es dir nicht gut geht. Warum schneidest du dir nicht einfach die Haare ab, die belasten dich doch schon länger? Wir wollen, dass du dich wohlfühlst in deinem Körper.« Ich wünschte mir, dass sie den Schritt für mich gingen, dass ich ihre Zustimmung erhielt, ohne mich erklären zu müssen, doch das passierte nicht. Diesen Schritt musste ich selbst gehen.

Im Corona-Lockdown 2020 verbrachte ich viel Zeit auf TikTok, und der Algorithmus zeigte mir Videos von Menschen, die ihre langen Haare abschnitten und zum ersten Mal einen Kurzhaarschnitt trugen. Diese Videos faszinierten mich auf eine Weise, die ich noch nicht verstand. Ich war hin- und hergerissen zwischen Gedanken wie: »Sah die Person nicht vorher besser aus?«, »Dieses Strahlen mit den kurzen Haaren ist so wunderschön« und »Mir würde das sicher nicht stehen«. Doch da war auch diese kleine Hoffnung: »Aber was, wenn doch?«

Es sind doch nur Haare.

Die Kommentarspalten unter den Videos waren voll mit den Sprüchen, die mich mein Leben lang abgehalten hatten: »Vorher sahst du besser aus«, »Was für eine Schande« und »So will dich niemand mehr«. Doch ich sah auch die bestärkenden Kommentare und vor allem die Erleichterung und Freude in den Gesichtern der Menschen, nachdem der Kurzhaarschnitt fertig war. Eine Person erzählte, dass der Buzz Cut die beste Entscheidung ihres Lebens gewesen sei und sie sich endlich frei fühlte. Viele stimmten in den Kommentaren zu und teilten ihre eigenen Erfahrungen. Plötzlich fühlte ich mich weniger allein mit meinen Gefühlen. Menschen, die genauso Angst hatten wie ich, hatten es trotzdem gewagt und fühlten sich nun besser. Und dann waren da Videos von Menschen, die sich einen Buzz Cut geschnitten und die Haare danach wieder lang haben wachsen lassen, da es ihnen nicht so gut gefallen hatte. Stimmt, das wäre ja auch eine Option für mich: Wenn es mir nicht gefallen sollte, könnte ich sie einfach wieder wachsen lassen. Ich atmete tief ein und aus, öffnete WhatsApp und tippte eine Nachricht an einen Kumpel (er/ihn), der mir schon öfter die Haare geschnitten hatte. Ich fühlte mich, als hätte ich mich in die Warteschlange gestellt, um gleich mit der krassesten Achterbahn zu fahren. »Hast du die Tage Zeit, um mir meine Haare kurz zu schneiden?« Mein Herz pochte, was würde er wohl antworten? Er schrieb sofort: »Klar, wie wär's morgen?«

Am nächsten Nachmittag griff mein Kumpel zur Schere, fragte mich ein letztes Mal, ob ich mir sicher sei, und schnitt mir einen 30 Zentimeter langen geflochtenen Zopf von meinem Hinterkopf ab.

ICH KONNTE KAUM GLAUBEN, DASS ICH DIESEN SCHRITT TATSÄCHLICH GING.

Ein Moment, von dem ich geträumt hatte, seit ich die Jungs in meiner Grundschulklasse um ihre Haarschnitte zu beneiden begonnen hatte. Wer weiß, vielleicht hatten mich einige von ihnen damals um meine langen Haare beneidet.

Während mein Kumpel mir weiter die Haare schnitt, dachte ich darüber nach, wie abhängig ich von Komplimenten zu meinem Äußeren war. Sie gaben mir kurze Momente von Selbstwert, den ich mir allein nicht schenken konnte. Ein »Du hast so wunderschöne Haare« verwandelte sich zunächst in ein lächelndes Dankeschön und einen Hauch von Selbstsicherheit, die sich vor dem Spiegel jedoch meist in Trauer und Selbsthass auflöste. Auf einmal hielt mein Kumpel meinen Zopf, der noch vor wenigen Sekunden an mei-

»Das passierte gerade wirklich? Es war so aufregend. ›Jetzt mit dem Rasierer?‹, fragte mein Kumpel und riss mich damit aus meinen Gedanken.«

nem Kopf hing, in der Hand, und mir wurde ganz warm. Das passierte gerade wirklich? Es war so aufregend. »Jetzt mit dem Rasierer?«, fragte mein Kumpel und riss mich damit aus meinen Gedanken. »Unbedingt!«, sagte ich und sah mich im Spiegel an. Die Perücke, die ich mein Leben lang getragen hatte, verschwand Schritt für Schritt. Gleichzeitig zeigte sich etwas anderes, etwas Neues und doch so Vertrautes im Spiegel: Ich. Mein Kumpel lächelte mich an. »Okay, wir sind fertig. Sieht gut aus! Wasch dir am besten im Bad die Haare.« Ich bedankte mich und stimmte ihm zu. Ich liebte die neue Frisur, konnte es noch gar nicht richtig glauben. Ich hatte es wirklich geschafft, und es fühlte sich unbeschreiblich gut an. Plötzlich fiel es mir leicht, mir selbst zu sagen: »Wow, ich mag, wie ich aussehe.« Ich schickte meinen Freund*innen Res und Si gleich ein Bild von meinem neuen Haarschnitt und erhielt umgehend die Antwort: »Ohh, das sieht ja mal so krass gut aus! Steht dir richtig. Freuen uns so für dich!« Ihre Unterstützung und Bestätigung tat doppelt gut. Der Gedanke, dass es anderen Menschen nicht gefallen würde, bedrückte mich zwar noch ein wenig, aber war nun viel leichter zu ertragen. Ich lächelte über beide Ohren in den Spiegel, machte ein, zwei coole Posen, verließ strahlend das Badezimmer und verabschiedete mich von meinem Kumpel. Und was soll ich sagen: Dieses Strahlen hält bis heute an.

HAIR WE GO

Also hast du dir deine Haare kurz geschnitten, weil du nicht-binär bist?

GIALU:

Nein, ich hab mir meine Haare kurz geschnitten, weil ich mich mit langen Haaren einfach nie wohlgefühlt habe. Mit kurzen Haaren fühl ich mich besser, und es ist meine Art, mich auszudrücken. Aber nicht-binäre Menschen können alle möglichen Haarlängen und Frisuren tragen, genauso wie Frauen und Männer.

Wie meinst du das?

GIALU:

Es gibt ja auch Männer mit langen Haaren und Frauen mit kurzen. Die Länge der Haare per se sagt nichts über die Geschlechtsidentität aus. Sie kann jedoch ein wichtiges Mittel sein, um die eigene Version von sich selbst auszudrücken. Also sollten alle Menschen genau die Haarlänge tragen, mit der sie sich wohlfühlen.

Hmm, das ergibt Sinn! Ich überleg auch schon lange, meine Haare endlich mal abzuschneiden, aber hab Angst, dann weniger als Frau wahrgenommen zu werden.

GIALU:

Das kann ich voll verstehen. Du bist auf keinen Fall »weniger« Frau, wenn du kurze Haare trägst. Du bist einfach mehr die Frau, die du sein willst, und ich finde, das ist etwas Schönes! Und ich hoffe, du bist in einem Umfeld, welches deine Freude über die neue Frisur mit dir teilt.

Danke dir. Vielleicht versuch ich es auch erstmal mit einer Perücke, und wenn es mir gefällt, schneid ich sie mir endlich ab. Denkst du, ich sollte es machen?

GIALU:

Hört sich doch super an. Und ich bin mir sicher, dass eine Kurzhaarfrisur mega an dir aussehen würde, wenn du es fühlst. Ich kann einen guten Friseursalon empfehlen, der ist neben dieser neuen Eisdiele. Entscheiden, ob du es machen solltest oder nicht, solltest du jedoch selbst.

GAZELLE

WARUM BIN ICH SO WITZIG?

»Warum bist du eigentlich so witzig?« Das ist eine Frage, die mir äußerst selten jemand stellt. Aber ich frage mich selbst, warum mich andere so witzig finden. Vom Gefühl her weiß ich inzwischen, was ich tun muss, um Menschen zum Lachen zu bringen – was ich sagen und wie ich sprechen muss, Timing und so. Aber erklären kann ich es mir nicht so richtig.

Immer schon wollte ich Schauspielerin oder Komikerin werden. Das steht sogar in meinem lila Diddl-Freund*innenbuch aus der vierten Klasse. Die großen Inspirationen meiner Kindheit waren *Die Wochenshow* und *Ladykracher*. Ingolf Lück, Bastian Pastewka und Anke Engelke schlugen mit der Satire-Keule durch das Fernsehgeschehen ihrer Zeit, und ich habe es geliebt. Mit meinem Wissen und der Aufklärung von heute würde ich über manche der Sketche nicht mehr lachen – doch andere satirische Geschichten, Sketche und Parodien haben mir wirklich Freude bereitet und sind zeitlos gut geblieben. Ich bewunderte das Talent, Menschen nachzuahmen und damit lustig zu sein. Auch meine Familie inspirierte mich: Der Ruhrgebietscharme, das Herz auf der Zunge und der unvergleichliche Dialekt mit »datt« und »watt« fielen mir leicht. Ich spielte meiner Familie Szenen vor und erntete viel Lob und große Lacher. Ich mochte es, lustig zu sein und andere zum Lachen zu bringen. In der Schule förderte die Theater-AG mein Talent, und meine Eltern saßen bei den Premieren immer in der ersten Reihe. Später beschloss ich, mich an einer renommierten Schauspielschule im Ruhrgebiet zu bewerben – einfach mal versuchen. Ich stellte u. a. eine dramatische Szene aus Max Frischs *Andorra* sowie eine Szene von Molière vor. Bei letzterer channelte ich meinen inneren Ingolf Lück und erntete Gluckser vom Publikum. Doch die Jury, bestehend aus wichtigen Entscheidungsträger*innen der Schauspielschule, fand meine Darstellung eher »nett« und lehnte mich am selben Tag ab. Ich war traurig, aber hey – sie hatten über meine Performance gelacht. Das war doch immerhin etwas!

Das Schauspielen ließ ich erstmal sein. Nach dem Studium ging es mir ums Geldverdienen und die Karriere. Ich wollte auf sicheren Beinen stehen. Der Schauspieljob versprach das nicht. Und diese Arbeitszeiten! Späte Proben, auf der Bühne stehen, wenn andere chillen, am besten niemals krank werden. Ich fand den Beruf zunehmend unattraktiv und unrealistisch. Wenn, dann wollte ich gleich Kinostar werden – aber sowas passiert im echten Leben ja nicht. Oder doch?

DANN KAM TIKTOK.

Als ich damit begann, selbst Videos hochzuladen, probierte ich vieles aus, um viral zu gehen. Ich kramte Perücken aus dem Keller und machte Spagat vor der Toilette, während ich witzige Sprüche in die Kamera sagte. »Ihr Süßen, drei Tipps fürs Bewerbungsgespräch: Seid einfach ihr selbst. Seid einfach ihr selbst. Und: Seid einfach ihr selbst.« Doch trotz Schminke und extravagantem Outfit fand das kaum jemand so richtig lustig – viral ging ich damit nicht. Im Februar 2021 änderte sich für mich alles. Berlin war kalt, grau und einsam – typisch Februar, der schwierigste Monat in der Hauptstadt, finde ich. Nichts los, die meisten schlecht drauf, auch ich. Ich lag auf der Couch, eingewickelt in eine Sternchendecke, und trank Kaffee aus einer Tasse mit dem gleichen Muster. Ich schaute zum Fenster raus auf die verschneite Straße und dachte nach. Wann hatte es eigentlich das letzte Mal so richtig geschneit? Wann hatten wir zuletzt genug Schnee gehabt, um einen Schneemann zu bauen? Ich runzelte die Stirn – und dann kam mir plötzlich eine Idee. Ich griff nach meinem Handy und nahm mit der Selfie-Kamera einen Sketch auf:

»Herbert, hömma, et schneit! Gehst du mal schnell gucken, sind wir dran mit Schippen? Oh, ich hoffe nicht. Hol schon mal das Salz aus dem Keller. Aber nicht beim Müller streuen! Nur bei uns, Herbert. Ich hol schon mal die Schneehose aus dem Keller. Brauchst du auch deine Schneehose? Und die Schuhe! Wir können ja gar nicht raus heute. Wo sollen wir denn hin bei dem Wetter? Wobei, Herbert, ich glaube, das bleibt eh wieder nicht liegen. Ich mach mal Kaffee.«

Zu dem Zeitpunkt dachte ich, dass dieser Ruhrpott-Humor, der mich in meiner Kindheit und Jugend so inspiriert hatte, nicht viel Anklang bei den jungen Menschen auf TikTok finden würde, *Ladykracher* plus Ruhrgebietscharme – ich ging davon aus, dass das wenige feiern würden. Egal, dachte ich – und klickte auf *veröffentlichen*. Als ich eine Stunde später wieder aufs Handy sah, war die kleine rote Ecke am unteren Bildschirm bei 99+. 99+? Ich wusste gar nicht, was das bedeuten sollte. Mehr als 99 Menschen hatten meinen Beitrag geliked? Cool! Doch auch mehr als 99 Menschen hatten einen Kommentar hinterlassen, und mehr als 99 Menschen waren mir neu gefolgt. 99+ - 99+ - 99+. Mir blieb fast das Herz stehen. Bereits wenige Stunden nach der Veröffentlichung hatte ich Hunderte neue Follower*innen. Mein Video hatte ein paar Tage später rund 2 Millionen Aufrufe, 360 Tausend Likes und mehr als 3900 Kommentare. ZWEI MILLIONEN AUFRUFE? Das ist echt verdammt viel!

Ich freute mich so sehr und konnte es gleichzeitig gar nicht fassen. Diesen verstaubten Humor mochten die Leute? Ich beschloss, noch mehr Videos dieser Art zu drehen. Los ging es mit »Schneeschippen 2«, dann dachte ich mir mehr Geschichten rund um Herbert und mich aus. Die Leute fragten, wer Herbert denn eigentlich sei und ob es ihn wirklich gebe. Sie sendeten mir Ideen für weitere Sketche und interagierten mit mir in der Kommentarspalte zu meinem Video über eine Grillparty: »So, wer bringt was mit?« Allmählich baute sich eine Community auf, und ich zählte bald mehrere zehntausend Follower*innen. Ich hatte bei TikTok sozusagen meine eigene Fernsehshow kreiert. Sie hieß *Herbert und ich,* und sehr viele Menschen liebten es. Ich kann nicht genau sagen, warum die Videos so gut ankamen. Aber ich merkte, dass weder Perücken noch Spagat für mich nötig waren. Im Gegenteil: Im ersten Video war ich unrasiert und ungeschminkt in die Sternchendecke gewickelt, die Haare plattgedrückt und ungekämmt. Gefilmt von unten, schön mit Doppelkinn und Blick in die Nase, und ich sprach mit Dialekt. Das war die Generation TikTok für mich: Ich konnte ohne perfekte Instagram-Filter, ungeschminkt, mit nahbaren Sketchen und ohne viel Schnickschnack viral gehen. Meine Zeit war gekommen.

Zwei Jahre später habe ich das Format als #typischdeutsch neu aufgelegt. »Deutsche sprechen über das Wetter«, »Deutsche treffen Deutsche am Pool«, »Deutsche Eltern am Spielplatz«. Seit August 2023 kann ich davon leben, dafür bin ich extrem dankbar. Ich habe ihn also wahr gemacht, meinen Traum, den ich einst im Diddl-Buch manifestiert hatte. Ich bin jetzt Schauspielerin auf meine eigene Art – mit meinen eigenen Regeln, meiner eigenen Sendung und meinen eigenen Arbeitszeiten. Ich bin hauptberuflich Komikerin im Internet.

UND MANCHMAL IST DAS FÜR MICH DER GRÖSSTE WITZ VON ALLEN.

LIEBESBRIEFE UND GEFÜHLE

Was sind Dinge, mit denen ihr beginnen wollt, um euch Selbstliebe zu schenken?

GIALU:

Ich möchte anfangen, mir selbst mindestens einmal im Jahr einen Liebesbrief zu schreiben, den ich dann lesen kann, wenn es mir nicht so gut geht. Viel zu oft habe ich so viele dunkle Gedanken mir selbst gegenüber im Kopf und merke teilweise gar nicht, wie sie überhandnehmen. Neulich haben Gazelle und ich die Gedanken, die wir loslassen wollten, aufgeschrieben und das Blatt Papier dann verbrannt. Das war auch eine gute Art, diesen Gedanken Raum zu geben, um sie dann loszulassen.

GAZELLE:

Das mit dem Liebesbrief finde ich eine schöne Idee. Da schließe ich mich an. Außerdem habe ich mir vorgenommen, ein neues Hobby mit ganz viel Ruhe anzufangen. Irgendwas mit Musik. Entweder Klavier oder auflegen lernen – oder vielleicht auch beides? Ich liebe Musik, aber habe mir bislang nie aktiv die Zeit genommen, es anzugehen. Dabei finde ich es so sinnvoll und wichtig, mir Zeit für mich zu nehmen, mich kreativ auszuleben und an mich zu glauben. Da freu ich mich drauf.

WIE ZEIGST DU DIR SELBSTLIEBE?

Was lernt ihr, damit es euch besser geht?

GAZELLE:

Meine Gefühle ehrlich zu kommunizieren. In der Vergangenheit war es mir oft unangenehm, zu sagen, dass es mir nicht gut geht. Einerseits schämte ich mich für meine Gefühle, andererseits wollte ich niemanden damit nerven. Das Runterschlucken führte dann oft zu einem mentalen Breakdown. Außerdem finde ich es auch schön, wenn mein Gegenüber mir ehrlich von deren Gefühlen erzählt. Warum dann nicht auch ich?

GIALU:

Für mich ist es immer schwierig zu akzeptieren, dass ich es niemals allen recht machen und auch nicht immer für alle da sein kann, so, wie ich es gerne wäre. Ich merke jedoch, dass ich, wenn ich keine Grenzen ziehe, am Ende gar keine Energie mehr habe und weder für mich noch für andere Menschen da sein kann. Damit lerne ich gerade einen gesünderen Umgang.

WAS LERNST DU ODER MÖCHTEST DU LERNEN?